A MÍSTICA EMPRESARIAL

Uma nova perspectiva para líderes visionários que têm os pés no chão

Gay Hendricks
Kate Ludeman

A MÍSTICA EMPRESARIAL

Uma nova perspectiva para líderes
visionários que têm os pés no chão

Tradução
ROSILÉA PIZARRO CARNELÓS

EDITORA CULTRIX
São Paulo

Título do original:
The Corporate Mystic

Copyright © 1996 Gay Hendricks.

Todos os direitos reservados. Nenhuma parte deste livro pode ser reproduzida ou usada de qualquer forma ou por qualquer meio, eletrônico ou mecânico, inclusive fotocópias, gravações ou sistema de armazenamento em banco de dados, sem permissão por escrito dos Editores, exceto nos casos de trechos curtos citados em resenhas, críticas ou artigos de revistas.

O primeiro número à esquerda indica a edição, ou reedição, desta obra. A primeira dezena à direita indica o ano em que esta edição, ou reedição, foi publicada.

Edição	Ano
1-2-3-4-5-6-7-8-9	00-01-02-03-04

Direitos de tradução para o Brasil
adquiridos com exclusividade pela
EDITORA CULTRIX LTDA.
Rua Dr. Mário Vicente, 374 — 04270-000 — São Paulo, SP
Fone: 272-1399 — Fax: 272-4770
E-mail: pensamento@cultrix.com.br
http://www.pensamento-cultrix.com.br

Impresso em nossas oficinas gráficas.

Dedicatória

A
Bob Galvin
Ex-presidente da Motorola
e
Bob Shapiro
Presidente e superintendente da Monsanto

Esses dois homens notáveis são modelos de perfeita integridade, visão arrojada e intuição clara. Eles são a inspiração para tudo o que buscamos, pela transformação dos negócios, para promover o bem-estar das pessoas e do planeta em que vivemos.

O trabalho é o amor visível.
— KAHLIL GIBRAN

Sumário

Agradecimentos 11
Prólogo 15
Corpo e alma no trabalho

Introdução 21
Como reconhecer um Empresário Místico:
Doze características dos líderes do século XXI

PARTE UM

O místico como líder: 41
Tornando-se a fonte

Capítulo 1
Integridade 45

Liderança ao inspirar autenticidade
*O que é realmente a integridade * A integridade gera vitalidade * Os três lugares onde procurar problemas de integridade * Assumir uma responsabilidade saudável * Uma nova definição de responsabilidade * Como fazer e manter acordos * Como mudar um acordo que não está funcionando * A integridade é mais um problema de física do que de moral * Apoiar-se numa perna só: como os Não-místicos lidam com um problema de integridade * Como os Místicos lidam com um problema de integridade * Demissão — um passo para a integridade * O desfecho.*

Capítulo 2
Visão 69

Liderança ao inspirar intenção clara
*O que é intenção * Como criar uma intenção eficaz * Cuidado com as intenções ocultas * A intenção da inteireza * A intenção de equilíbrio * A intenção da gratidão * A tirania do "é" * A tirania do porque * A zona de complacência * O que eu quero? * Como desenvolver uma visão ilimitada * Saia dos limites * Como lidar com assassinos de idéias * Visão do futuro*

Capítulo 3
Intuição 95

Liderança ao suscitar o pleno potencial
*Intuição + lógica: a fórmula de sucesso do Empresário Místico * A reflexão criativa é a sua atividade profissional diária mais importante * Como atingir um maior nível de sucesso intuitivo * Tornando-se maior que o problema * Como desenvolver a intuição positiva das pessoas * Como contratar intuitivamente * O medo perturba a intuição * Como remover o crítico interior * O que temos é nosso próprio poder * A intuição é um fenômeno do intervalo * O controle restringe a intuição * A intuição de três milhões de dólares*

PARTE DOIS

O Místico Prático 117
Soluções espirituosas para os problemas profissionais do dia-a-dia

Capítulo 4
Como Inspirar o comprometimento 121

*Como reconhecer o problema mais comum de comprometimento * Conheça o seu objetivo * O objetivo do objetivo * A integridade é fundamental para o comprometimento * Faça o que precisa ser feito * Por que as pessoas não honram seus compromissos?* Como lidar com o medo, a dúvida e a confusão * Lealdade fora de lugar * Reconhecer e recompensar pessoas comprometidas*

Capítulo 5
Comunicar-se com as pessoas 133

*Ser Autêntico * Falar com sinceridade * Sair do meio * Ouvir com precisão * Ouvir com empatia * Ouvir com criatividade mútua * Dar e receber um feedback honesto * Formar uma cultura empresarial de integridade*

Capítulo 6
A administração de projetos 145

*Como lidar com grandes ganhos e grandes perdas * Como conseguir a fórmula correta da responsabilidade * Poder real * Como conservar funcionários de alto potencial * Como usar a intuição para evitar um erro dispendioso * Como lidar com queixosos e pessoas com baixa produtividade * Como lidar com um caso de amor no escritório * Como acabar com as disputas de território * Como fazer com que as reuniões não sejam chatas * Como transformar situações adversas em grandes impulsos*

Capítulo 7
Como criar riqueza 159

*Perseverança iluminada * Lute pelo que você quer * Desfrute o que você tem * A lei básica da criação de riqueza * Como criar um espírito de prosperidade em sua organização * Como transformar atitudes financeiras negativas * Finalize seus negócios financeiros inacabados * Lidere com Gratidão * Enfrente seus inimigos interiores de abundância * Seu sucesso é um fardo? * Fazer o que se gosta * Interrompendo relacionamentos desgastantes*

PARTE TRÊS

O Místico Disciplinado 177
Quatro práticas de dez minutos para intensificar a Integridade, a Visão e a Intuição

*A Prática de Centramento Básico * Seu Cartão de Ponto da Integridade: O Processo E. A. E. A. * Visão do Futuro * A Prática da Intuição*

Recado Final 191
As Sete Regras Radicais para o Sucesso nos Negócios

Agradecimentos

Somos profundamente gratos aos homens e mulheres relacionados a seguir, por personificarem o Empresário Místico ideal e por enriquecerem a vida de tantos milhares de pessoas no processo. Apresentar uma lista exaustiva daqueles que pudemos admirar, entrevistar, acompanhar ou consultar demandaria um livro à parte. Desculpe-nos se seu nome não aparece nesta lista, mas saiba que sua contribuição foi de grande valor.

Larry Boucher, superintendente da Auspex
Ron Bynum, consultor empresarial
Kenneth Casey, presidente da Professional Investors' Financial Services
Paul e Elizabeth Cotulla, empresários
Stephen R. Covey, escritor e consultor
Carlene Ellis, vice-presidente da Intel
George Fisher, presidente da Eastman Kodak
Bob Galvin, ex-presidente da Motorola
Chris Galvin, diretor de operações da Motorola
Glenn Gienko, vice-presidente da Motorola
Heath Herber, presidente da The Herber Company
Portia Isaacson, fundador da Future Computing
Les Isbrandt, vice-presidente da Warner Lambert
Kathryn Johnson, superintendente do The Healthcare Forum
Jerry Jones, presidente da The Jones Corporation
Bill Klimpton, presidente da Kimpco
Philip Knight, presidente da Nike
Barbara LaTour, vice-presidente da Adia
Kathy Mankin, vice-presidente executiva da Heller Financial
Darshan Mayginnes, co-fundador da Performance Coatings
Ed McCracken, superintendente da Silicon Graphics

Richard McNeese, fundador-superintendente do First National Bancorp
Joyce Russell, vice-presidente da Adia
Ken Schroeder, presidente da KLA Instruments
Bob Shapiro, presidente e superintendente da Monsanto
Gary Tooker, superintendente da Motorola
Jack Unroe, presidente da Judicial Arbitration and Mediation Services
Virginia Weldon, vice-presidente sênior da Monsanto
Bill Wiggenhorn, presidente da Motorola University

Você precisa ter um lugar, ou uma determinada hora, ou dia, em que você não sabe o que dizia o jornal naquela manhã, não sabe quem são seus amigos, o que deve às pessoas e o que as pessoas lhe devem.

Um lugar onde você possa simplesmente viver a experiência de ser o que você é o que deveria ser.

— Joseph Campbell

Em geral, as pessoas vivem suas vidas às avessas; tentam ter mais coisas ou mais dinheiro para fazer aquilo que querem e ser felizes. Na verdade, o que ocorre é o contrário. Primeiro você precisa ser quem realmente é, e então fazer o que precisa ser feito para ter o que quer.

— Margaret Young

Prólogo

CORPO E ALMA NO TRABALHO

O trabalho nos oferece a oportunidade para o crescimento espiritual, pessoal e financeiro. Se isso não acontecer, estaremos desperdiçando boa parte de nossas vidas.

— JAMES AUTRY

As empresas estão cheias de místicos. Se você está em busca de um místico verdadeiro, há maior probabilidade de encontrá-lo numa sala de diretoria do que num mosteiro ou numa catedral. Surpreso com essa idéia? Nós também ficamos. Mas ao longo dos últimos 25 anos estivemos em muitas salas de diretoria e em muitas catedrais e descobrimos que os místicos autênticos — aqueles que praticam o que pregam — podem ser mais facilmente encontrados no mundo dos negócios. Hoje estamos convencidos de que as qualidades dessas pessoas notáveis e os princípios segundo os quais vivem serão a força motriz para a empresa do século XXI.

Para preparar este livro, passamos muitas horas conversando com centenas de Empresários Místicos e, em conseqüência disso, nossas vidas, pessoal e profissional, mudaram para sempre. O intuito deste trabalho é transmitir os detalhes práticos do que eles nos ensinaram: como desempenhar um trabalho satisfatório de forma que a alma se fortaleça, se restaure e se beneficie. Concentramos seus ensinamentos em breves porções de sabedoria "prática" que você pode usar para ajudá-lo em cada minuto de sua vida profissional.

Somos consultores de empresas e de outros consultores de empresas. A partir do trabalho com oitocentos executivos ao longo desses últimos 25 anos, fazemos um prognóstico: os líderes empresariais bem-sucedidos do século XXI serão líderes espirituais. Eles estarão familiarizados com sua própria espiritualidade e saberão como estimular o desenvolvimento espiritual das outras pessoas. Os líderes atuais mais bem-sucedidos já aprenderam esse segredo. Os Empresários Místicos sabem que uma organização é uma coletividade espiritual, a soma dos espíritos das pessoas que aí trabalham. Aqueles que pensam que a espiritualidade não tem lugar no mundo dos negócios estão enganando a si mesmos e àqueles com os quais convivem.

O que é um Empresário Místico? O dicionário diz que místicos são aqueles que se iniciaram nos mistérios esotéricos, e que os místicos compreendem a verdade intuitivamente. As pessoas que chamamos de Empresários Místicos dão a impressão de atuar num nível de eficiência esotérico, até entendermos os princípios que os norteiam. Além disso, os místicos que conhecemos têm, com certeza, uma forte ligação com a intuição e eles sabem como usá-la e sabem onde ela é importante. No entanto, vamos além em nossa definição: Empresários Místicos são aqueles que atuam com integridade, perseguem suas visões com paixão e compaixão, e despertam todo o potencial daqueles com quem se relacionam.

Os Empresários Místicos verdadeiros vivem intensamente seu lado espiritual. Eles se dedicam aos negócios de corpo e alma, sem desprezar o dinheiro. Eles estão nos negócios para apoiar entusiasticamente as pessoas com quem trabalham. Demos consultoria a diferentes tipos de organização, e construímos uma sólida base de comparação que nos permite afirmar: a Regra de Ouro do sucesso se aplica de maneira mais cuidadosa e consciente ao mundo dos negócios do que a qualquer outra instituição que visitamos, incluindo igrejas, universidades e órgãos governamentais.

Uma vez, observando as operárias da linha de montagem, meu pai pensou: "Essas mulheres são como minha mãe — elas têm filhos, uma casa para cuidar, pessoas que precisam delas". Isso o motivou a trabalhar com afinco para lhes dar uma vida melhor porque ele viu sua mãe em cada uma delas. Esse é o princípio de tudo — o respeito.

— BOB GALVIN,
falando de seu pai, o fundador da Motorola

Muitos de nós têm uma profunda noção de espiritualidade quando jovens, para depois vê-la desgastar-se ao entrar no mundo simplista da idade adulta. As fotografias de infância mostram com freqüência sentimentos de admiração e prazer. É como se fôssemos seres espirituais tendo uma experiência física. Na idade adulta, em geral parecemos bem diferentes: somos seres físicos que, com um pouco de sorte, têm ocasionalmente uma experiência espiritual. As pessoas que chamamos de Empresários Místicos conseguiram, através da boa sorte e da diligência, manter uma ligação com sua natureza espiritual, com as outras pessoas e com o mundo à sua volta.

Um Empresário Místico que entrevistamos para este livro contou-nos sua história: "Perto dos meus 40 anos, sentia-me como se estivesse morrendo. Vinha me dedicando ao mundo empresarial há dez anos e embora tivesse tido algum sucesso, eu achava que nunca chegaria ao topo. Meu escritório ficava no décimo andar de um edifício de uns vinte andares e eu me lembro de olhar pela janela, e pensar que aquela era a história da minha vida. Eu estava emperrado no décimo andar, a meio caminho do topo. Enquanto olhava pela janela perguntei a mim mesmo por que as coisas tinham de ser daquela forma. Afinal de contas, eu trabalhava com afinco e era tão eficiente quanto qualquer outra pessoa. Foi então que me dei conta: eu estava rachado ao meio. Fora do trabalho, eu me deixava fascinar pelo comportamento humano e passava horas folheando livros nas seções de psicologia das livrarias. Na empresa, no entanto, eu era aquele que trabalhava como um trator, uma pessoa voltada somente para números e produtividade. Tive o seguinte pensamento: 'A cisão não existe mais; eu sou como sou, onde quer que esteja'. Na verdade, senti algo diferente no meu corpo, como se estivesse me encontrando novamente. Pensando bem, eu acho que eu estava aceitando as duas metades do meu ser e construindo um recipiente maior onde eu pudesse me sentir inteiro. Hoje, como superintendente, quando falo aos jovens na empresa, tento enfatizar a idéia de um ser completo, sem divisões". Esse é um exemplo de um despertar espiritual que teve implicações profundas na vida e na carreira dessa pessoa.

Quando falamos sobre espiritualidade nos negócios, estamos falando de vivência, não de crenças religiosas. A religião freqüentemente se refere a aspectos organizados da espiritualidade: as regras, as crenças e as tradições que expressam a maneira como a espiritualidade se apresenta no mundo. O Empresário Místico demonstra um tipo de espiritualidade que se manifesta em fatos, não em palavras. Antes de mais nada, ele está interessado nos benefícios da espiritualidade e não em crenças a respeito dela.

Os Empresários Místicos se movem facilmente entre o mundo espiritual e o mundo do comércio. Eles são visionários que têm os pés no chão. Eles celebram a identidade de tudo ao mesmo tempo, mas também são capazes de perceber detalhes. Eles olham com os mesmos olhos para o pico de uma montanha e para uma planilha, e tratam da mesma forma o porteiro e o melhor cliente deles.

O que vem a seguir é a voz apurada de nosso próprio aprendizado, influenciada pelos homens e mulheres mais sábios que já conhecemos. O Empresário Místico é o mentor de nossos sonhos, a voz que desejamos nos tivesse orientado nos momentos difíceis da vida e dos negócios.

Há um mosteiro Zen perto de Tóquio que atrai muitos executivos poderosos das cidades industriais vizinhas. Um dia o mestre do mosteiro disse: "Não temos lugar para místicos sentimentais, pessoas sonhadoras que deixam por toda parte suas xícaras de chá sujas. Aqui meditamos e lavamos nossas xícaras. As duas coisas são importantes. Ensinamos nossos alunos a ser impiedosamente exigentes consigo mesmos e com seus colegas. Exijam o melhor! Se as pessoas não conseguirem agir com lucidez no mundo real, invariavelmente rígido, suas práticas e meditações não serviram para nada. Vocês devem dominar duas realidades: deleitar-se com aquele vasto espaço interior, o vazio que está ligado com todo vazio em toda parte; e ao mesmo tempo, voltar toda a sua atenção para o momento presente, não importa se estiverem comprando uma passagem de trem, beijando sua mulher ou lendo o orçamento do estoque".

Respeitosamente oferecemos este livro aos místicos e santos ocultos do mundo dos negócios. Que essa sabedoria possa estimular e esclarecer todos os momentos de sua vida, no trabalho e no lazer.

Introdução

COMO RECONHECER UM EMPRESÁRIO MÍSTICO:

Doze características dos líderes do século XXI

Quanto menor esforço fizer, mais firme e poderoso você será.

— Bruce Lee

Os Empresários Místicos podem ser identificados por algumas características. Nesta introdução, descreveremos essas características conforme se apresentam exteriormente. Então, no restante do livro, abordaremos as atitudes específicas e os passos essenciais que o ajudarão a adotar essas estratégias de êxito para si mesmo.

Acreditamos que essas qualidades se tornarão cruciais no próximo século, quando as mudanças acontecerão numa proporção difícil de se imaginar, mesmo nesta nossa época vertiginosa. Aqui está uma oportunidade para você se observar diante dessas qualidades, atitudes e estratégias de ação. Descubra quantas dessas características já fazem parte de sua vida.

Ao descrever esses traços, vamos deixar claro que Empresários Místicos são seres humanos como todos nós e, portanto, cheios de imperfeições. São santos de rua, visionários vanguardistas que todos os dias têm centenas de oportunidades de cometer enganos. Eles seriam os últimos a afirmar que já dominam os traços que citaremos a seguir. Mas vimos com nossos próprios olhos que todos eles estão numa séria busca dessas características todos os dias de suas vidas.

HONESTIDADE ABSOLUTA

Todo místico que entrevistamos disse a mesma coisa: o primeiro segredo para o sucesso nos negócios é dizer somente a verdade e dizê-la com coerência total. As pessoas de negócios acabam ficando confusas quando dizem uma coisa ao banqueiro, outra ao cliente e outra ainda aos diretores da empresa. Mediamos muitas reuniões carregadas de emoção em que os executivos das empresas admitiram mentiras, distorções e dissimulações contra as pessoas que tinham acreditado neles. Mesmo que essas reuniões fossem quase sempre longas e conturbadas, nunca vimos uma situação em que a honestidade absoluta não tivesse valido a pena. As pessoas não podem relaxar e dar o máximo de si numa atmosfera de distorção e dissimulação. A honestidade salienta o melhor em cada um. Em outras palavras, a integridade não é somente uma idéia nobre, é uma ferramenta para o sucesso pessoal e empresarial.

Os Empresários Místicos são também honestos, até mesmo brutalmente honestos consigo mesmos. Eles querem saber a verdade, mesmo que essa verdade seja, às vezes, pessoalmente dolorosa. Em seu primeiro grande trabalho de consultoria, Gay teve a árdua tarefa de enunciar uma ladainha de más notícias ao presidente da maior empresa do mundo em seu segmento. As notícias não somente eram ruins, como envolviam um dos projetos preferidos do próprio presidente. "Eu tinha sido contratado para avaliar o sucesso do projeto e, ao contrário, tinha verificado que tudo, praticamente, estava errado com ele", lembra Gay. "Fui para a reunião com muito medo e apreensão. Afinal de contas, eu era um psicólogo recém-formado, de apenas 30 anos, e ele era um milionário que freqüentava a Casa Branca. Eu estava preocupado, com receio de que praguejasse contra mim se eu lhe dissesse o que tinha concluído, mas decidi dizer as coisas como eu as via. Eu já sentira na pele as conseqüências de se amenizar a verdade, e imaginava que o máximo que ele poderia fazer era me demitir. Mas logo vi que não tinha nada a temer. Quando sua atenção se concentrou em mim, percebi que estava diante do melhor ouvinte que já encontrei. Seu interesse não diminuiu, mesmo quando eu comecei a dizer a ele coisas que ele provavelmente não queria ouvir. Por outro lado, não houve um único sinal de culpa em sua voz. Seu primeiro gesto, ao ouvir as más notícias, foi refletir no que estaria errado em suas próprias intenções e visões. Ele fez isso com a mesma atitude de investigação sem culpa que dirigiu ao grupo que idealizara o projeto em questão. Sua atitude foi: O que está acontecendo realmente? O que pode ser feito? Dar continuidade ou arquivar o projeto? Eu tinha entrado na reunião com a expectativa de ser crivado de perguntas e possivelmente ter meu contrato cancelado, e saía sentindo-me completamente valorizado. Era a primeira vez em minha vida que eu tinha a certeza de ter estado na presença de um grande homem."

Como se demonstra respeito? Pela integridade da mensagem que se passa. Pode parecer simplista, mas vimos que a maneira mais fácil de conseguir que as coisas sejam feitas é sendo direto. É de nosso próprio interesse ser francos e tratar as pessoas com franqueza.

— BOB GALVIN, DA MOTOROLA

IMPARCIALIDADE

A atenção meticulosa com a imparcialidade é uma característica marcante do Empresário Místico. Eles fazem o que dizem que vão fazer. Eles não fazem o que disseram que não iam fazer. E tudo isso é posto em prática com total imparcialidade e coerência. Um elogio comum ao místico é: "duro como pedra, mas sempre imparcial". Todos querem ser tratados imparcialmente, mas muitos de nós esquecem isso diante do *stress* de tomar uma decisão. Uma das forças do Empresário Místico é a capacidade de usar esta pergunta — isso é justo com relação a todos os envolvidos? — mesmo quando está sob grande pressão.

Para o Empresário Místico, a imparcialidade é mais do que uma injunção moral. Em outras palavras, eles não são imparciais porque deveriam sê-lo. São imparciais porque vêem que a igualdade permeia o universo. Na essência, somos todos iguais. Como alguém um dia disse, "a integridade é o modo como todas as coisas permanecem unidas no mundo. Quando ajo de forma parcial, perturbo o verdadeiro funcionamento do mundo. Quando sou imparcial, me identifico com a organização do mundo".

Ken Levy, da KLA Instruments, dirigindo sua empresa em tempos difíceis, abriu uma reunião assim: "Hoje estou anunciando um corte de 10% no salário dos diretores. Como eu ganho mais do que muitas pessoas na empresa, estou tendo um corte de 20%". Na reunião, em vez de as pessoas reclamarem do corte em seus próprios salários, tentaram convencê-lo a abaixar o dele para 10%. Ele se manteve firme, e o grupo do burburinho da empresa se admirou com essa abordagem radical de imparcialidade. Resultado: o estado de ânimo se elevou em vez de cair.

AUTOCONHECIMENTO

Os seres humanos já nascem aprendendo, e no momento em que pararmos de aprender começaremos a morrer. Os Empresários Místicos são particularmente preocupados com o aprendizado sobre si mesmos. Eles sabem que nossa mente, corpo e espírito são o instrumento por meio do qual agimos; assim, eles prestam muita atenção a suas motivações, seus sentimentos e à sua história.

Os Empresários Místicos são comprometidos com seu próprio aprendizado e, ao mesmo tempo, comprometidos com o ato de auxiliar os outros a aprender. A atitude de investigação, de questionamento, é sagrada para o místico. Poucas coisas o irritam mais do que pessoas que dizem estar sempre certas, ter todas as respostas. Ainda não encontramos ninguém realmente bem-sucedido que não afirmasse estar aprendendo sobre si mesmo todos os dias.

O que conta é o que você aprende depois que já sabe tudo.

— JOHN WOODEN

Como consultores, não raro somos contratados por um executivo para trabalhar com seus pares, homens ou mulheres. Um presidente nos contrata para trabalhar com a diretoria ou para trabalhar com uma equipe de administradores. Uma dezena de vezes, no entanto, fomos procurados por executivos que buscavam o seu próprio desenvolvimento e, em todos esses casos, eles foram extraordinários. Entre eles, a líder de um conglomerado de entretenimento — uma mulher que está prestes a se tornar a líder de uma empresa digna de figurar na revista *Fortune* 100 —, o presidente de uma empresa de vinte bilhões de dólares e um empresário principiante no ramo da alta tecnologia. Nossa conclusão: quanto mais talentoso você for, menos esforços poupará para aprender e se aprimorar, mesmo que já seja extraordinariamente bem-sucedido pelos padrões mundiais.

Os Empresários Místicos adquirem autoconhecimento de três formas essenciais. Primeiro, eles reconhecem e valorizam suas emoções. Embora as pessoas de negócios tenham a reputação de serem controladas e não emocionais, e algumas realmente o são, isso não se aplica aos líderes que chamamos de místicos. É comum eles simplesmente lidarem com seus sentimentos sem dramatizá-los. Os místicos nunca escondem seus sentimentos, nem mesmo seus grandes medos, raivas e mágoas, e podem transmiti-los aos outros com a mesma facilidade com que falam sobre a previsão do tempo.

Segundo, eles compreendem a programação que eles próprios fizeram no passado e, portanto, ficam menos vulneráveis a ela. A força do místico é o conhecimento completo e profundo de sua própria história, suas limitações e glórias, e, portanto, essas limitações não os detêm nem ofuscam o presente. Terceiro, eles são abertos às trocas, mesmo quando isso se expressa como criticismo. Uma vez Kate foi solicitada a varar a noite trabalhando com o superintendente Ed McCracken e com a equipe executiva da Silicon Graphics, empresa responsável por muitas inovações, incluindo efeitos especiais para diversos filmes hollywoodianos de sucesso. Ed McCracken, que também dava aulas de meditação, reunia-se uma ou duas vezes por mês com a equipe executiva para uma noite de aprendizado de estratégias de liderança. Naquela ocasião, o objetivo era obter um *feedback* completo das pessoas mais próximas.

Eis o relato de Kate: "Distribuí folhas de papel coloridas, uma de cada cor para cada pessoa. Convidei-os a selecionar uma área que precisava ser melhorada neles mesmos e em cada uma das pessoas presentes. Cada um anotou a área a ser melhorada em si mesmo numa determinada folha colorida e os outros usaram aquela mesma cor para designar uma área em que eles sentiam que aquela pessoa precisava melhorar. Assim, cada um apresentou e recebeu um *feedback* de si mesmo e dos outros. Foi uma noite rica em aprendizado para todos, mas dois aspectos ficaram marcados em minha lembrança. O primeiro foi que quase todas as pessoas designaram como áreas em que elas precisavam melhorar exatamente as que os demais já consideravam fortes. Em outras palavras, eles foram mais duros consigo mesmos do que os outros tinham sido. O segundo aspecto foi que todos estavam ávidos pelo *feedback* e, durante toda a noite, ninguém ficou na defensiva. Eu tinha aplicado essa atividade a grupos de gerentes médios de outras empresas e tinha visto muita rabugice, afrontas e atitudes de defesa em geral. Mas a Silicon Graphics tinha construído uma cultura empresarial de abertura para o aprendizado pessoal. Foi animador ver uma sala cheia de executivos poderosos que tinham um compromisso tão sério com o autoconhecimento".

EM DESTAQUE, A COLABORAÇÃO

Os humoristas e os cartunistas costumam retratar os líderes de negócios como avarentos, mas raramente tivemos a oportunidade de encontrar um líder de alto nível que fosse motivado pela avareza. A maioria estava muito preocupada com o bem-estar e o fortalecimento das outras pessoas. A palavra de ordem era colaboração.

No início de sua carreira no desenvolvimento de executivos, um dos clientes de Gay foi um superintendente que tinha sido demitido pelos ventos instáveis das políticas empresariais. Gay relembra: "Perguntei-lhe francamente por que ele não tinha se aposentado aos 50 anos. Afinal, disse-lhe, você tem dinheiro mais do que suficiente para viver o resto de sua vida com tranqüilidade. Teria tempo para jogar golfe, curtir seus netos, conhecer melhor sua mulher. Do que você sentiria tanta falta que o faria voltar à luta? Ele me olhou perplexo. *'Colaboração'*, explicou, como se estivesse mostrando a uma criança como funcionava um relógio. 'Quando eu me aposentar, quero estar convencido de que dei toda a colaboração que podia dar. E isso ainda não aconteceu'".

"Naquele momento percebi que, na verdade, eu nunca tinha entendido por que as pessoas trabalham. Elas trabalham para colaborar, pela oportunidade de servir. Em última análise, trabalham por amor. Senti como se eu estivesse olhando diretamente para a alma dele, para sua maior e mais profunda motivação. Essa conversa fez com que eu me conscientizasse do meu próprio comprometimento, em nível espiritual, com a colaboração."

ESPIRITUALIDADE NÃO-DOGMÁTICA

As quatro características que descrevemos — honestidade, imparcialidade, autoconhecimento e colaboração — são em si mesmas a base de uma espiritualidade perene, universal. Os Empresários Místicos tendem a ser alérgicos ao dogma e não raro ficam distantes das formas mais estruturadas da religião. Em vez disso, eles tentam viver suas vidas a partir de fontes universais de espiritualidade que são a base de diferentes crenças. Bob Galvin disse uma vez que é importante para as pessoas de negócios manterem-se fora do campo da teologia e das crenças potencialmente polêmicas a respeito de espiritualidade, buscando, ao contrário, voltar-se para as vantagens unificadoras da prática espiritual. Acima de tudo, para o Empresário Místico, espiritualidade se traduz em realizações, não em palavras. Eles são capazes de ver, através das particularidades, os pontos de ligação universal entre todos nós. Essa capacidade de olhar além das diferenças, para a essência das coisas, libera o místico para concentrar-se no modo como a espiritualidade se exprime em ação.

A espiritualidade não é algo com que se possa brincar, um pequeno compartimento da vida. Ela tem de estar na essência do indivíduo, de forma a afetar todas as outras partes de sua vida.

— STEPHEN COVEY

Meu objetivo na vida é ter uma parte espiritual que não seja separada do resto da minha vida.

— ED MCCRACKEN,
SUPERINTENDENTE DA SILICON GRAPHICS

ELES CONSEGUEM MAIS FAZENDO MENOS

Um executivo de uma empresa da costa oeste descreve seu primeiro dia de trabalho como assistente de seu mentor, há muitos anos: "Ele tinha um apartamento na sede da empresa, e fui chamado a encontrá-lo ali, naquela primeira manhã. Ele surgiu à porta às sete horas, me cumprimentou e me levou ao seu escritório. Uma hora depois pedi licença para ir ao banheiro e fiquei ali, tremendo e tentando tomar fôlego. Em uma hora ele tinha conseguido fazer mais do que eu fizera em duas semanas! E, além disso, ele tinha feito tudo sem esforço; uma coisa simplesmente levava à outra. Nem parecia que ele estava trabalhando. Ele concentrava toda a sua atenção no que ele estava fazendo e, então, passava para a tarefa seguinte e dedicava a ela a mesma atenção. Foi extraordinário ver alguém tão concentrado no presente. Senti-me como um *trailer* de mudança sendo puxado por uma Ferrari. Jurei ali mesmo que se eu algum dia me pegasse trabalhando muito arduamente ou parecendo assoberbado, consideraria isso como um sinal de não estar trabalhando com desenvoltura".

Um homem: Costumo me empenhar muito nos meus negócios. Se eu fizer meditação, isso não vai diminuir o meu empenho?
O mestre zen: Não, não. Isso simplesmente vai fazer de você um homem de negócios que trabalha com pouco esforço. Quem disse que é preciso se matar de trabalhar?

Conseguir fazer mais com menor esforço é uma crença e um modo de agir importante para os Empresários Místicos. Eles dedicam muito de sua atenção em aprender a estar no presente, porque perceberam que esse é o único lugar a partir do qual o tempo pode ser expandido. Quando se está no presente — e não aprisionado na tristeza por causa do passado ou na ansiedade pelo futuro — o tempo se torna essencialmente maleável. Quando se está preso ao passado ou ao futuro, nunca há tempo suficiente, porque se tenta estar em dois lugares ao mesmo tempo. Se você está no presente enquanto sua mente está em algum outro lugar, ocorre uma cisão fundamental que produz pressão e tensão. Os Empresários Místicos estudam cuidadosamente sua maneira de captar o tempo. Quando as pressões do tempo começam a se insinuar, eles tomam isso como um sinal de que não estão se concentrando no presente.

Mova-se como um feixe de luz,
Voe como um raio,
Golpeie como um trovão,
Gire em círculos em torno de um centro estável.
— MORIHEI UESHIBA

ELES SUSCITAM O MELHOR DE SI MESMOS E DOS OUTROS

A maioria das tradições místicas fala de um espaço claro no centro de nós mesmos, seja ele chamado alma, espírito ou essência. É o que alguns chamam de "eu superior" e que representa quem nós realmente somos. Os Empresários Místicos sabem como se manter concentrados nessa essência de si mesmos e de seus colaboradores e como trazê-la à luz com segurança.

A cada momento fazemos escolhas, mas podemos escolher nosso "eu"? Corpo e alma contêm milhares de possibilidades com as quais podemos construir muitos "eus". Mas em apenas uma delas há congruência entre o eleitor e o eleito; apenas uma, que só encontraremos quando tivermos excluído todos os sentimentos superficiais e as possibilidades de ser e fazer, com as quais brincamos por curiosidade, admiração ou medo e as quais nos impedem de lançar âncora na experiência do mistério de viver, na experiência da consciência do talento a nós confiado e na experiência da dúvida de qual é verdadeiramente o nosso "eu".

— DAG HAMMARSKJÖLD

Essência e *persona* são duas coisas diferentes. *Persona*, que vem de uma palavra latina que significa "máscara", é o instrumento que usamos para sobreviver no mundo. Podemos ter aprendido a *persona* do "pacificador" ou do "dominador" para sobreviver em família, e podemos ainda hoje estar desempenhando esse papel em nosso ambiente de trabalho. Os místicos sabem que nós todos temos *personas* que revestem nossa essência verdadeira, e sabem também que não somos nossas *personas*. Eles sabem que por trás da fachada tempestuosa do supervendedor brigão pode estar um garoto aterrorizado. Mas o garoto também é uma *persona*, e os dois podem ocultar o verdadeiro "eu" da pessoa que está sob as máscaras. O verdadeiro "eu" é freqüentemente caracterizado por dúvida, curiosidade e receptividade para o relacionamento com os outros, qualidades que com freqüência ficam obscurecidas no processo de crescimento. Uma vez identificados completamente com nossa essência, nos sentimos em casa, onde quer que estejamos.

Os Empresários Místicos desenvolvem uma espécie de dupla visão, e são capazes de ver ao mesmo tempo a máscara e, dentro dela, a essência.

Essa habilidade tem um grande valor no confronto com pessoas difíceis. Pelo fato de os Empresários Místicos verem e respeitarem a essência da pessoa, eles podem dizer coisas do tipo: "Harry, às vezes você consegue ser um idiota completo", e fazer com que isso seja acolhido de forma positiva. Sem respeito pela essência da pessoa, o mesmo comentário desencadeia resistência. Kate lembra um momento de grande impulso de uma sessão de desenvolvimento de executivos, com Linda Smith, uma vice-presidente sênior de uma empresa multinacional: "Sem pretensões maliciosas, eu me referi a ela como uma 'tola política'. Ela até chorou de tanto rir da descrição que fiz dela. E só saí impune de um comentário desses porque eu podia ver muito claramente a sua essência — sua pura essência — e porque ela conhecia profundamente sua própria natureza. Ouvir esse *feedback* de alguém que via sua essência em profundidade desencadeou nela uma mudança de comportamento crucial para o aumento de sua perspicácia política".

É tão importante desafiar as pessoas com relação a suas *personas* quanto amar e reconhecer sua essência verdadeira. No mundo dos negócios é perigoso ignorar as *personas* do outro. Importar-se verdadeiramente com as pessoas significa vê-las como elas são, e não fazer vista grossa a problemas possivelmente irreversíveis.

ABERTURA PARA A MUDANÇA

Os Místicos têm um profundo respeito e mesmo uma inclinação para a mudança. Eles sabem que tudo é mudança — e essa é a essência do funcionamento do universo. Segundo um Empresário Místico: tudo no universo está sujeito a mudar e tudo está adequadamente programado. Às vezes eles têm pressentimentos desagradáveis com relação à direção da mudança, mas têm o cuidado de não deixar que esses sentimentos limitem sua capacidade de reagir.

Um dos maiores talentos que os Empresários Místicos desenvolvem é a capacidade de renunciar a estar sempre certos. O apego ao próprio ponto de vista é um problema de sucesso ou fracasso para muitas pessoas porque isso as cega para a necessidade de mudar. Ao longo de nosso trabalho com mais de oitocentos executivos, convidamos 12 mil de seus colaboradores a preencher um questionário de auto-avaliação de desempenho. Um item da avaliação questiona se o executivo está disposto a renunciar a situações ou objetivos não vitoriosos. As respostas indicam que essa é uma dificuldade de aproximadamente 50% dos executivos.

Dependendo das circunstâncias,
Você deve ser duro como um diamante,
Flexível como um salgueiro,
Fluido como a água
ou vazio como o espaço.

— Morihei Ueshiba

Durante muitos anos, Gay trabalhou na negociação de índices futuros e *commodities* na Bolsa de Valores e aprendeu o duro caminho da renúncia. "Se compro um contrato de mil barris de petróleo a 20 dólares o barril, é porque acredito que ele vai subir. Se o preço do barril cai para 18 dólares uma hora depois de tê-lo comprado, estou diante de um problema. Vender agora e ter um prejuízo de 2 mil dólares ou esperar e torcer para que ele volte a subir? Por outro lado, o preço pode continuar em queda. Esse momento exasperante é o que mantém a maioria das pessoas fora do jogo, mas aprendi a saboreá-lo. Isso o faz chegar ao limite de admitir que você estava errado. O vencedor dirá: 'Tudo bem, estou errado. Está caindo. Vou sair, assumir meu prejuízo e talvez vender um contrato ao invés de comprar'. Em outras palavras, os vencedores jogam conforme o jogo. Os perdedores dizem: 'Sei que estou certo, droga, mesmo que o mercado diga o contrário. Vou ficar um pouco mais e tenho certeza de que vou provar que estou certo'. Alguns desastres verdadeiramente colossais aconteceram por causa desse modo de pensar".

Quando a Coca-cola mudou a fórmula de seu principal produto, há alguns anos, houve um grande clamor público de seus clientes leais que gostavam da fórmula antiga. Aparentemente havia uma facção de executivos dentro da empresa que era partidária da nova fórmula e de suportar o alvoroço. A outra facção adotou a abordagem de "seguir a corrente" e votou pela volta à fórmula antiga. O segundo grupo prevaleceu, indicando que a empresa preferia ouvir o cliente a estar certa. Os Empresários Místicos aprendem a seguir o fluxo da mudança e até progridem com ela. O não-místico fica nauseado em meio à mudança ao tentar fingir que está tranqüilo em terra firme.

UM SENSO DE HUMOR ESPECIAL

Os Empresários Místicos riem muito. Eles se apressam em chamar a atenção para as sutilezas da vida e do animal humano, mas também estão sempre prontos a se incluir na brincadeira. Eles riem de si mesmos, e fazem isso porque incorporaram uma dualidade básica: o caráter sagrado da vida e, às vezes, o absurdo total que é a vida. Kate, que observou muitas culturas empresariais diz: "A melhor maneira de avaliar a saúde de uma equipe ou de uma empresa é saber quanto de humor existe ali".

Em nossos 25 anos de convivência com líderes empresariais, raramente ouvimos deles piadas ou observações que mencionassem crueldade, humilhação ou ridículo. Isso em si é bastante notável, e nos dá uma boa idéia da maneira de pensar do místico: Estamos todos juntos nisso — vamos rir desse apuro em que estamos metidos.

VISÃO AMPLA E FOCO AGUÇADO

Os Empresários Místicos têm o dom de envolver as pessoas em grandes sonhos. Elas podem se projetar para um futuro que ainda não existe e planejar os detalhes de como chegar lá. (Vamos lhe contar exatamente como eles fazem isso num capítulo mais adiante.) Ao mesmo tempo, eles podem olhar com determinação para a realidade do momento presente. Muitas pessoas têm uma boa noção dessa realidade. Elas podem ver como as coisas realmente são e não recuar. Na outra extremidade do espectro, também há pessoas que podem vislumbrar as possibilidades no horizonte. Mas dificilmente essas duas habilidades — visão ampla e foco aguçado — vêm no mesmo pacote. Os Empresários Místicos são uma exceção. Uma das características admiráveis desses místicos é sua familiaridade com essa visão dupla.

A visão dupla também inclui a capacidade de se fixar na particularidade das coisas e no modo como tudo está entrelaçado. As pessoas que estão no topo das empresas têm a visão do todo da organização, dos indivíduos que nela trabalham e da forma como isso tudo se mescla. As decisões tomadas a partir dessa visão do todo tendem a ser bem-fundadas e satisfatórias. Observamos também que há maior consciência ecológica no topo das empresas do que o observador casual poderia supor. Por exemplo, o noticiário sobre a indústria de corte e transporte de madeira tende a salientar a mentalidade "simplista" de líderes empresariais em contraste com as preocupações "naturais" de ecoativistas. Mas, como a maioria das generalizações, esses noticiários ocultam a verdade. Contrariamente à opinião pública, os líderes de negócios tendem a ser bastante cientes da situação global. É claro que, para eles, isso inclui as famílias das pessoas que trabalham para a empresa, além dos aspectos da natureza com os quais a empresa está em conflito.

O líder de uma empresa de comunicação de Rocky Mountain lembrou a primeira vez em que ele viu essa qualidade: "Meu time de futebol no colégio tinha como treinador um homem refinado chamado Ford. Às vezes ele me chamava para me dar alguma orientação individual. Durante todo o tempo em que estava falando comigo, seus olhos esquadrinhavam o campo onde o resto do time estava treinando. Ele tinha a habilidade de manter uma conversa detalhada com uma pessoa enquanto abrangia toda a cena em seu campo de visão. Eu não saberia colocar isso em palavras na época, mas o que eu estava aprendendo com ele era como estar ciente do presente e, ao mesmo tempo, ter uma visão de como poderia ser o futuro".

Numa entrevista para este livro, durante um almoço, Bob Galvin interrompeu um discurso visionário sobre os negócios do século XXI para ressaltar algo que não tínhamos observado. Um garçom estava preparando as mesas para o jantar, do outro lado do restaurante, e nossa longa permanência no local o estava atrapalhando. Esse é um exemplo da dupla visão do Empresário Místico: estar preocupado simultaneamente com o futuro visionário e com o modo de tornar a vida de alguém mais fácil neste exato minuto.

O Empresário Místico transfere essa atenção para outras dimensões. Eles cultivam a capacidade de viver em múltiplas "zonas de tempo", considerando, concomitantemente, passado, presente e futuro. É um tipo de abordagem dinâmica da vida, na qual o passado, o presente e o futuro estão todos decompostos em fatores de uma equação. Aqueles que partem em direção ao futuro freqüentemente subestimam o tempo e os recursos necessários para chegar lá. Aqueles que estão emperrados no passado não conseguem encarar o presente ou o futuro de modo eficaz. Isso exige uma noção bastante aguçada da situação presente, respeito pelo passado e uma visão do futuro para trabalhar com eficácia, nesses tempos de mudanças rápidas e abrangentes.

Os místicos podem envolver e engajar outras pessoas em sua visão daquilo que é possível, mesmo quando essas visões, a princípio, parecem "sonhos impossíveis". O presidente John Kennedy, ao tomar posse em 1961, não somente descreveu o sonho impossível de levar o homem à Lua, mas conseguiu, sem esforço, envolver todo o mundo nisso. Algumas pessoas disseram que era uma idéia maluca e dispendiosa, mas quase todos concordaram. Essa proeza foi um exemplo clássico do místico em ação.

UMA AUTODISCIPLINA EXTRAORDINÁRIA

Os Empresários Místicos são altamente disciplinados, de uma disciplina nascida da paixão. Eles em geral não confiam no tipo de disciplina autoritária que faz uso do medo. Eles são motivados por um claro objetivo definido, não pelas obrigações e conveniências de um ideal fantasiado. Esse tipo de disciplina os torna flexíveis e adaptáveis.

Os Empresários Místicos são pessoas apaixonadas. Eles jogam para ganhar, é claro, porém, mais importante que isso, eles jogam pelo prazer de jogar. Tivemos a oportunidade de ir da sala do diretor para um campo de golfe e para um jantar familiar com muitos místicos e ficamos profundamente impressionados com sua capacidade de estar apaixonadamente presentes em cada situação. Ken Casey, líder da Professional Investors' Financial Services, é um dos maiores entusiastas da vida que conhecemos. Ken nos disse: "Aposentei-me com quarenta e poucos anos, achando que teria muito tempo para correr pela praia com meu cachorro. Depois de fazer isso por dois ou três dias, sentei-me para descansar e me perguntei — 'É isso mesmo que eu quero?' Percebi que eu adorava o meu trabalho, então voltei à liderança da empresa". Mas isso não é tudo. Quando chegamos a conhecê-lo melhor, soubemos que ele gasta boa parte do seu tempo levantando fundos para uma casa de crianças que sofreram maus-tratos. E então descobrimos que ele canta no coro de uma companhia de ópera e que é um dos melhores esportistas de corredeiras do mundo. Um de seus últimos feitos foi abrir o Zambezi Superior para uso desportivo, ocasião em que sua equipe foi atacada dezenas de vezes por crocodilos. Ken é também um jogador de futebol de categoria mundial. Eis aí alguém que joga apaixonadamente em todas as áreas da vida.

Desempenhar com paixão requer disciplina. Não há outra forma de gerar a fonte incansável de energia que a paixão exige. Estabelecem-se altos padrões e persiste-se neles. O ato de fazer valer seus compromissos consigo mesmo e com os outros é o que gera o alto nível de energia necessário para ter uma vida de sucesso.

EQUILÍBRIO

Os místicos mantêm um olho aguçado no equilíbrio de suas vidas em quatro áreas principais: intimidade (incluindo casamento, família e círculo restrito de amigos), trabalho, espiritualidade e comunidade (incluindo vida social e política). A zona de equilíbrio entre o trabalho e a intimidade é onde geralmente acontecem os problemas. Parte considerável de nosso trabalho de consultoria se resumiu em auxiliar pessoas extremamente ocupadas a conseguir um equilíbrio harmonioso entre o trabalho e o lar.

O seu trabalho na vida é sua maior sedução.
— PABLO PICASSO

Os Empresários Místicos esforçam-se por conseguir equilíbrio em cada uma das principais áreas da vida. Muitas pessoas se confundem ao tentar atender, no trabalho, às necessidades de sua casa, e vice-versa. Uma pessoa que está em dificuldades por não saber se comunicar com os filhos acabará obstruindo a comunicação no trabalho. Se alguém chega em casa com a cabeça cheia de questões não resolvidas do trabalho, ninguém na família conseguirá estabelecer contato com ela. Esse problema, a menos que seja corrigido, torna-se uma espiral automaticamente descendente. O indivíduo gasta mais tempo no trabalho para se livrar dos problemas de casa, o que gera ainda maior conflito em casa, que, por sua vez, reverte para o trabalho.

Stephen Covey é uma das poucas vozes que enfatizam a necessidade de equilíbrio para se conseguir o verdadeiro sucesso. Uma das razões para a aceitação entusiástica de seus livros e seminários é uma grande avidez por equilíbrio no mundo empresarial. Em nosso trabalho de consultoria, freqüentemente temos de lidar com os grandes transtornos advindos de vidas desequilibradas: problemas com filhos, tensões conjugais, doenças psicossomáticas. Parte do problema é o gerenciamento do tempo, mas é mais fundamentalmente um problema de compromisso com o equilíbrio. Lógica e emoção, casa e trabalho, futuro e presente, podem ser fontes de profunda divisão, cisões dentro de nós mesmos, que podem nos destruir. Mas com o compromisso adequado e alguma prática, eles também podem ser fontes de unidade na inteireza restaurada de nós mesmos. Esse é o território em que o místico caminha, não de forma resoluta, mas com empenho e paixão.

"Mestre", disse o aluno, "onde você consegue
seu poder espiritual?"
"Do fato de estar ligado à fonte", tornou o mestre.
"Você está ligado à força de Zen?"
"Mais do que isso", disse o Mestre, "eu sou Zen.
A ligação é total."
"Mas não é sinal de arrogância pretender uma
ligação com a fonte?", perguntou o aluno.
"Longe disso", disse o mestre. "Arrogante é não solicitar
a ligação com a fonte. Tudo está ligado.
Se você pensa que não está ligado à fonte,
está desprezando o próprio universo."

PARTE UM

O místico como líder: tornando-se a fonte

A liderança vai aonde ninguém mais foi.
— BOB GALVIN, DA MOTOROLA

Ao tornar-se uma fonte de integridade, visão e intuição em sua empresa, você entra no mundo da liderança, independentemente do posto que ocupa. Muitas pessoas esperam ser instruídas ou lembradas de tomar posse completa desses poderes. O Empresário Místico sabe que o poder e o prazer reais vêm do fato de ser essa fonte e de assumir total responsabilidade por criar a cultura empresarial que deseja. Todos podem ser a fonte e, quando acreditam nisso, eles realmente o são.

Se você está disposto a renunciar à sua resistência de ser uma fonte, você afirma um tipo de poder espiritual que os outros podem sentir.

Os líderes gostam de ser uma fonte de integridade, visão e intuição, e procuram ser produtores e não consumidores desses três raros atributos. Líderes inspirados, no entanto, têm algo a mais. Eles se empenham para que todos se tornem uma fonte. Em outras palavras, eles estão empenhados em ser a fonte de muitas fontes. Isso os deixa fora do jogo de poder. Se você se apresenta como a fonte de alguma coisa, tirando o poder daqueles que estão ao seu redor, tenha cuidado! Pode parecer ótimo, a princípio, mas as conseqüências são desastrosas. Você corre o risco de desempenhar o papel de Papai ou Mamãe para as pessoas que ainda estão à procura de alguém que cuide delas. Salas de diretoria não são imunes a esse problema.

Por outro lado imagine o que aconteceria em sua empresa se todos fossem treinados para ser uma fonte de integridade. Num ambiente de trabalho em que todos se sentissem ligados a essa fonte, haveria milagres todos os dias. Toda a energia que em geral é desperdiçada em reparar as brechas de integridade poderia ser canalizada para a criatividade.

O mesmo se aplica à visão e à intuição. Imagine o potencial de uma organização onde cada um tenha sido revestido de poderes para ser um visionário. Em nossos cursos intensivos de treinamento empresarial é comum vermos isso acontecer, uma semana após outra, mas sempre ficamos tocados. Uma situação típica é aquela em que uma pessoa numa sala de vinte será a única a atuar no papel de visionário no início do curso. Geralmente é o superintendente ou o funcionário de cargo mais elevado, e freqüentemente a pessoa que fez com que acontecesse o treinamento. Depois de três dias de trabalho, no entanto, o quadro é bem diferente. Todos os vinte assumem a responsabilidade de ser fonte de visão para a empresa. A energia e o entusiasmo tornam-se intensos. Todos estão na mesma freqüência porque todos são fonte.

A fonte gera a criatividade. Gera também os benefícios e a diversão. As pessoas que se ligam à fonte conseguem inspirar esses três elementos. Todos conseguem avaliar e criticar. Nos três primeiros capítulos vamos abordar como empreender a tarefa de se tornar a fonte de integridade, visão e intuição em sua organização.

1

Integridade:
LIDERANÇA AO INSPIRAR AUTENTICIDADE

Às vezes sou grosseiro demais, mas prefiro ser sincero e leal e dizer a verdade. Isso ajuda na burocracia e nas disputas por território: assim que você se mostra sincero, receptivo e disposto a dialogar, as pessoas também se tornam visivelmente receptivas e as mudanças se aceleram.

— Mort Topfer,
Vice-Presidente da Dell Computers

A integridade cria um campo de força de animação, energia e criatividade em torno de você. Uma brecha na integridade perturba o campo à sua volta, bloqueando a criatividade. A falta de integridade absorve a sua energia, a de seus colegas e a da empresa.

Declarar o seu ponto de vista a favor da integridade vai criar um alvoroço de energia em toda a empresa... e dentro de você. Seu compromisso com a integridade fará emergir qualquer aspecto pessoal e de sua empresa que não esteja comprometido com a integridade. A partir do momento em que optar pela integridade, você talvez comece a pensar em alguma mentira que contou há dezesseis, vinte anos. Isso é sinal de que seu compromisso com a integridade está penetrando em seu corpo, fazendo tudo aflorar. A mesma coisa acontece nas empresas. A manifestação de uma pessoa pela integridade terá o efeito de uma onda. Vai levar algumas pessoas a optar pela integridade, outras, a resistirem a ela. Mas o poder de uma manifestação de integridade não pode ser negado. Você não pode ignorá-lo.

Bob Galvin, ex-presidente da Motorola, contou-nos esta história: "Nos idos anos 50 tivemos a oportunidade de conseguir um contrato extraordinário com um país da América do Sul, instalando um sistema de rádio de microondas. A primeira parte do contrato era de 10 milhões de dólares, o que no contexto de todas as nossas receitas, de mais de 100 milhões de dólares representava uma ótima possibilidade. Então um dos nossos executivos me comunicou que tínhamos ganho a concorrência, mas que ele tinha decidido não levá-la adiante, porque os generais que estavam no poder queriam que no contrato constassem 11 milhões de dólares para que eles pudessem ficar com a diferença. Disse-lhe que lamentava o acontecido, e que o contrato devia ser recusado, mesmo que eles voltassem atrás em seu pedido de propina e aceitassem o preço original. Além disso, disse a ele que não faríamos negócios com aquele país até que houvesse uma troca de liderança". Quando você toma posições fortes como essa, as pessoas conseguem entender que você é o que diz. E os resultados falam por si mesmos: os generais se foram há muito tempo e a Motorola está indo muito bem.

Há uma razão eminentemente pessoal e evidente para você optar pela integridade; seu rosto vai brilhar quando você agir com integridade ou quando corrigir uma brecha na integridade. Por outro lado, seu humor vai desabar como uma rocha quando você provocar essa brecha. Se você não está se sentindo completamente engajado em todo o seu dia de trabalho, é provável que tenha deixado para trás alguma coisa que está roubando sua energia.

Quando as pessoas de negócios param para pensar nisso, elas sempre ficam chocadas em descobrir quanto tempo, energia e dinheiro foram desperdiçados com problemas de falta de integridade. Mas também vale o lado positivo disso: o empenho pela criatividade desencadeia uma onda de integridade. Se, por exemplo, você sente que alguma coisa está sendo omitida numa conversa, interrompa-a e diga. Se você estiver no caminho errado, vai descobrir isso cedo o suficiente. Mas se não disser nada, vai ficar com a sensação de uma comunicação incompleta. Então, uma pequena porção de sua mente ainda ficará ocupada com isso, a mesma porção de que você precisará para avanços criativos.

A integridade permite que você se relacione de forma autêntica com as pessoas, especialmente com aquelas de quem você deseja ficar mais íntimo. Sem integridade não há relacionamento, somente confusão. O dicionário diz que confusão significa "duas ou mais coisas emaranhadas, de tal forma que a liberdade de cada uma delas fica comprometida". É o que acontece quando as pessoas faltam com a integridade umas com as outras.

A integridade é o grande simplificador da vida. Como disse Henry David Thoreau, as três coisas de que todos nós precisamos para sermos felizes é "simplicidade, simplicidade e simplicidade". Como dizia a avó de Gay: "Se você disser sempre a verdade, não terá de se lembrar do que disse". Se você for um aprendiz de integridade, não terá de desperdiçar pensamentos, energia ou tempo para saber onde está o problema. Quando as coisas não estiverem funcionando, avalie o nível de integridade.

Os místicos conhecem um segredo: a integridade funciona. Não é simplesmente uma idéia nobre, é um conjunto crucial de princípios de ação. Gasta-se muita energia para não ter integridade, para viver dissociado da inteireza da vida. Essa energia desperdiçada é uma força venenosa que destrói a vida das pessoas e das empresas. Se fingimos que nossas ações não têm conseqüências — se pensamos que podemos escapar ilesos nesses tempos de grande mudança — estamos a caminho do mais inclemente despertar.

Muitas pessoas nunca fizeram parte de uma organização — seja ela uma família, um clube ou uma empresa — que tenha atuado com total integridade. Podemos dizer-lhes que a sensação é estimulante. Tivemos o grande prazer de ajudar muitas organizações a se libertar das falhas causadas pelas brechas de integridade. Algumas vezes foram necessários meses — e até anos — de trabalho árduo para reverter uma cultura de não-integridade. Os resultados foram muito positivos em todos os casos que acompanhamos.

Em nossas viagens pelo mundo empresarial, descobrimos que as pessoas são basicamente bem-intencionadas. Sempre haverá maçãs podres, mas esse nunca é o problema real. O problema é que as pessoas não sabem ao certo o que seja a integridade. Elas desconhecem os princípios norteadores da integridade e como fazer para que ela funcione no ambiente empresarial. Neste capítulo nos empenhamos por desvendar em parte o mistério da integridade.

O caráter é o que você é no íntimo
— Dwight L. Moody

O QUE É REALMENTE A INTEGRIDADE

O domínio da integridade decorre de três coisas: ser autêntico consigo mesmo, ser autêntico com os outros e fazer as coisas que se disse que faria.

Se você se comprometer com esse tipo de autenticidade, terá a chance de atingir o máximo de integridade: dominar sua própria alma e torná-la incorruptível. Ao se conhecer por inteiro, você se torna imune à autodecepção.

Antes de examinar essas três áreas, no entanto, é preciso fazer um confronto com algo ainda mais fundamental. Você está comprometido com seu próprio desenvolvimento e com o sucesso da organização de que faz parte?

Dentro de cada um de nós há dois grandes impulsos. Um, para a independência total — transformando nosso "eu" completamente. E também há uma força que nos impele ao comprometimento com algo muito maior: a comunhão com as outras pessoas, com uma empresa ou família, com o próprio universo. As duas forças devem ser respeitadas e desenvolvidas por completo. Algumas pessoas são arrastadas para muito longe em uma dessas direções e acabam em desequilíbrio. Um desequilíbrio acontece quando o indivíduo se torna tão independente que nunca experimenta a alegria verdadeira de renunciar a si mesmo em favor de alguma coisa maior. O outro extremo é renunciar a si mesmo tão completamente que não há ninguém em casa quando um belo dia se acorda e pergunta: "Quem sou eu?" As empresas estão cheias de pessoas com um desses tipos de desequilíbrio. Há aqueles que se contêm e nunca renunciam realmente em favor de uma participação total, e há aqueles que são tragados de tal forma pela empresa que não possuem vida própria.

Os Empresários Místicos estudam esse problema cuidadosamente, cientes de que devem desenvolver essas duas grandes forças. Eles sabem que precisam se dedicar inteiramente à empresa, ao mesmo tempo que são comprometidos consigo mesmos como indivíduos. Os dois compromissos devem ser respeitados.

Quando criamos um anúncio, agindo com integridade — quando contamos a verdade sobre um produto ou serviço de forma surpreendente, mas que não procura coagir as pessoas a comprarem por medo — esse anúncio se torna bem-sucedido, tanto para o cliente quanto para a agência.
— Mark Horn, Vice-Presidente e Supervisor de Criação da Wunderman Cato Johnson

A INTEGRIDADE GERA VITALIDADE

A integridade faz bem ao ser humano. Quando você age com integridade, há uma aerodinamização de recursos por todo o seu corpo. Faça a experiência. Da próxima vez em que você recuperar uma brecha de integridade — "Jim, eu disse que retornaria a ligação ao meio-dia, mas só pude fazer isso agora" — observe o que acontece em seu corpo logo depois. Você vai ter uma sensação energética de vigilância relaxada. De repente, você pode reunir toda a sua atenção para usar nesse momento. Ao concentrar sua atenção na integridade, você obtém uma energia livre que vai ampliar seu poder de realizar seja lá o que for.

Um místico coloca essa questão da seguinte maneira: "Quando ajo com integridade, sinto-me em comunicação total com o mundo e com os outros. Posso relaxar em vez de manter minha pose. Sinto a receptividade em meu rosto e em minha pele, uma sensação agradável de plenitude — como me sinto depois de tomar um banho. Sinto uma ativação em meu corpo que fica ao mesmo tempo relaxado e alerta, curioso e muito calmo. Minha intuição se intensifica. Dou saltos e vejo imagens com maior clareza. Ouço melhor, porque não estou ouvindo através de um filtro de 'será que eles vão me entender?' Sinto-me feliz quando ajo com integridade".

O teste indiscutível de sanidade é aceitar a vida por completo, como ela é.

— LAO-TZU

OS TRÊS LUGARES ONDE PROCURAR PROBLEMAS DE INTEGRIDADE

Quase todo desastre pessoal ou empresarial começa com um problema de integridade, em geral bastante pequeno. Como uma pequena trepidação nas rodas dianteiras a que não se dá maior atenção, um pequeno problema de integridade pode se ampliar rapidamente até desatar alguma coisa que não estava firmemente ligada. Quando as coisas não estão indo bem e você não consegue descobrir por quê, assuma que existe uma brecha de integridade. Não porque as pessoas sejam fundamentalmente más, mas porque é difícil dominar a verdadeira integridade. Aqui estão as três perguntas-chave para fazer a si mesmo:

Você está sendo autêntico consigo mesmo?
Você está realmente à vontade nesse caminho que escolheu? Muitos de nós aprendem muito cedo a ignorar os sinais interiores, e a lon-

go prazo os custos são enormes. Recebemos um sinal que diz: "não faça isso", e mesmo assim insistimos em fazer. Quase todas as pessoas com quem conversamos e que estavam envolvidas numa grande brecha de integridade sentiram-se mal, a princípio. Elas atropelaram esse sentimento e tentaram racionalizá-lo.

Sendo humanos, freqüentemente temos necessidade de tentar e tentar de novo até aprender direito essa lição. Mesmo que você tenha evitado o assunto, comece o processo de aprendizagem neste minuto. Pare agora e pergunte: Há muitos setores em minha vida em que eu esteja mentindo para mim mesmo? A felicidade brota de uma fonte límpida: você precisa ter um relacionamento completamente honesto consigo mesmo.

Seus sentimentos são um termo-chave da equação. Há três sentimentos com os quais você precisa estar à vontade, tão à vontade que possa falar sobre eles calmamente. São o medo, a raiva e a tristeza. Para agir com integridade com os próprios sentimentos, é preciso ser capaz de saber quando se está com medo, com raiva e/ou triste e ser capaz de admitir: "estou com medo" ou "estou com raiva" ou "estou triste". Muitos problemas interpessoais provêm dos sentimentos escondidos, nossos e alheios. Esses problemas só podem ser resolvidos se nos conhecermos intimamente e formos capazes de expressar aos outros a verdade sobre nossas emoções.

Nossos sentimentos vivem em nosso corpo, não em nossa mente. No entanto, raramente recebemos treinamento sobre a consciência do corpo à medida que crescemos; por isso, muitos de nós têm de começar da estaca zero depois de adultos. Num mundo mais sensato, os alunos do primeiro ciclo deveriam aprender a diferença entre raiva e medo, por exemplo, e onde esses sentimentos se manifestam em seu corpo. Depois de adultos, nós freqüentemente confundimos nossos sentimentos. Às vezes ficamos com medo e, em vez de admitir isso, escondemos nosso medo e o exteriorizamos como raiva. Ficamos com raiva e, em vez de dizer "estou com raiva", nos desfazemos em lágrimas.

Se não agimos com integridade conosco mesmos — ignorando quem somos, como nos sentimos, o que queremos — isso acaba gerando um mal-estar que toma conta de nós. E quando transferimos esse mal-estar para o mundo que nos rodeia, começam a surgir perturbações reais, e até mesmo perigosas.

Você está sendo autêntico com os outros?
A segunda pergunta a fazer é se houve ou há distorções em seu contato com os outros. Falando claramente: Onde estão as mentiras em sua vida? Se você encontrar uma mentira, antes de mais nada reconheça-a para si mesmo: "Eu disse à empresa X que a empresa Y estava comprando nossa marca de *software*. Era mentira, mas eu fiquei com medo de não cumprir a meta, se não concretizasse a venda".

Esse passo é essencial; de outro modo você acaba arruinando seu próprio processo. O próximo passo é: faça as pazes com as pessoas em questão. Uma conversa de dez segundos geralmente basta: "Jerry, eu lhe disse que a empresa Y estava comprando nosso *software*. A verdade é que eles ainda não o tinham comprado, mas eu queria vender-lhe nosso produto e pensei que saber que a empresa Y era nossa cliente poderia influenciá-lo". Existe o receio, é claro, é de que seu ouvinte fique furioso e o castigue assim mesmo. A confiança será quebrada (esquecendo que já tinha sido quebrada antes). De vez em quando é isso o que acontece, mas com maior freqüência seu ouvinte ficará grato e a confiança será intensificada a longo prazo.

Pediram a Sigmund Freud para resumir o trabalho de sua vida em uma frase. Ele replicou: "Os segredos nos deixam doentes". As mentiras e os segredos também podem deixar as empresas doentes. Não há maneira mais devastadora de envenenar uma empresa do que incitar a mentira dentro dela. É claro que não estamos falando de segredos "saudáveis", como a patente para um *chip* de computador ou o segredo da fórmula da Coca-cola. Os tipos de segredos e mentiras que prejudicam as empresas geralmente envolvem a sonegação de informação — o presidente está tendo um caso amoroso com a vice-presidente — para proteger alguém.

Não existe o que se possa chamar de pequeno lapso de integridade.

— TOM PETERS

Você está fazendo as coisas que disse que faria?
A terceira pergunta a fazer quando as coisas dão errado é se você quebrou algum acordo. Em geral, o acordo é pequeno, e a brecha é mínima. Mas não é uma questão de tamanho. Lembre-se da trepidação que se tem ao menor desalinhamento da roda dianteira. O místico sabe que só há uma coisa a fazer quando houve quebra de um acordo: Agüente e encare-o de frente. Admita-o com todas as letras: "Jim, eu lhe disse que você teria o relatório pronto às cinco horas da tarde. São cinco e dez agora e ele ainda está sendo impresso. Lamento qualquer inconveniente". Então, pare e escute. Talvez a outra pessoa tenha uma reação, talvez ela não se importe com isso. Os vitoriosos estão atentos a tudo e ouvem até o fim qualquer reação. Os perdedores estão ocupados demais com a encenação de:
dar desculpas,
pôr a culpa em alguém,
prometer fazer melhor, e assim por diante.
O fosso das empresas está cheio de pessoas que vivem dando desculpas.

Afirmo que a desonestidade cria uma força deficiente que freqüentemente se manifesta de outras maneiras — não aparentes para o observador que está do lado de fora.
— JOSEPH SUGARMAN

ASSUMIR UMA RESPONSABILIDADE SAUDÁVEL

A integridade culmina na capacidade de assumir responsabilidade total e efetiva. A definição comum de responsabilidade é: De quem é a culpa? A definição da pessoa bem-sucedida é: Como posso reagir a isso de modo que todos saiam ganhando?

Assumiu-se plena responsabilidade. Em outras palavras, a verdadeira responsabilidade — aquela que muda a sua vida — só começa quando você a assume positivamente. Não há uma idade mágica para se tornar responsável. Algumas pessoas vão para o túmulo evitando a responsabilidade. Os Empresários Místicos convivem com a responsabilidade, sempre perguntando a si mesmos como podem assumi-la de maneira saudável diante do problema que está prestes a se apresentar.

Se sua definição de responsabilidade tiver como ponto de partida a falha e a culpa, você está se voltando para três direções infrutíferas: é culpa deles, é culpa minha, é culpa do mundo. Nenhuma dessas direções leva a uma ação efetiva.

O místico sabe que há somente duas questões pertinentes: O que eu estou aprendendo com isso? e O que precisa ser feito? A primeira pergunta o abre para a infinitude de seu próprio "eu", porque há muito o que aprender de qualquer situação, e a segunda pergunta o concentra no lado infinitamente prático.

Responsabilidade é manter a capacidade de reação.

— Gustav Mahler

Aqui está um exemplo do poder da responsabilidade. Mostra como uma pessoa que envereda pela responsabilidade total influencia os outros a fazerem o mesmo. Quando os fatos que seguem aconteceram, Ron Bynum era o líder de uma empresa de treinamento que usava uma antiga colônia de férias como uma de suas sedes. Uma noite ele estava lendo em casa quando o telefone tocou trazendo péssimas notícias: uma das construções do centro de treinamento tinha pegado fogo e queimado rapidamente. Alguém deixara uma toalha junto do aquecedor no quarto onde se alojavam alguns dos integrantes da comissão de treinamento. A velha construção de madeira tinha se consumido como um feixe de lenha.

Quando ele chegou ao local, a comitiva de quase cem pessoas estava em pânico. Todos, até mesmo o gerente da colônia, estavam num caos de culpa e auto-recriminação. Nosso místico convocou uma reunião no salão principal e dominou a conversa. Suas palavras foram as seguintes: "Quero saber quem foi o responsável por esta situação". Fez uma pausa, enquanto o grupo recomeçava o tumulto e as acusações. Ele esperou que a gritaria terminasse. "A resposta é muito clara para mim", disse. "Eu sou o responsável." Um silêncio mortal percorreu a sala. "Espere um pouco", disse alguém. "Você não estava aqui. Como pode ser o responsável?"

"Sou responsável porque estou chamando para mim a responsabilidade. Isso é o que realmente importa. Se vocês estão procurando detalhes, eu ocupei aquele quarto várias vezes durante o verão e poderia ter observado que o porta-toalhas ficava muito perto do aquecedor, mas não notei. Esse é um dos motivos pelos quais eu sou o responsável. Mas os detalhes são irrelevantes. Que tal se todos nós assumirmos a responsabilidade em vez de culparmos a nós mesmos ou a outras pessoas? Então, descobriremos o que precisa ser feito." O clima na sala mudou num segundo. A culpa e a recriminação cessaram; a conversa se voltou para as soluções. Ao assumir a responsabilidade, ele conseguiu fazer com que todos tomassem uma direção produtiva. O que mais se poderia esperar de um líder?

Os problemas começam a se resolver a partir do momento em que alguém intervém e assume o papel de fonte. Os líderes merecem ser líderes não porque sempre são a fonte de integridade, mas porque são capazes de intervir rapidamente quando vêem que saíram do caminho da integridade. Em outras palavras, os Empresários Místicos não são santos que estão acima de tudo. Ao contrário, mas são ágeis ao verem quando surge uma oportunidade para reafirmarem sua ligação com a fonte.

Assumir responsabilidade pessoal é a parte de nossa cultura empresarial que mais prezamos. Se for preciso escolher entre o plano de ação da empresa e a responsabilidade pessoal, vamos dizer às pessoas que escolham a responsabilidade pessoal.

— ED MCCRACKEN, SUPERINTENDENTE
DA SILICON GRAPHICS

UMA NOVA DEFINIÇÃO DE RESPONSABILIDADE

Kathlyn Hendricks, consultora empresarial (e esposa de Gay), está diante de um grupo de aproximadamente vinte pessoas, todas altos executivos de uma das maiores empresas dos Estados Unidos. Ela apresenta uma nota de cem dólares, e a faz circular pela sala para que todos a toquem. Mesmo que todas as pessoas da sala tomem decisões de milhões de dólares regularmente, e muitas delas sejam milionárias, as atenções se voltam para a nota de cem dólares. Há olhares zombeteiros enquanto a nota passa de mão em mão.
Ela prende a nota com um clipe a um cavalete.
"Quem é responsável por esta nota estar aqui?", pergunta.
Há um silêncio, enfatizado por alguns risos contidos. Ela repete a pergunta, mantendo cuidadosamente as mesmas palavras.
"Você", diz alguém, finalmente.
"Por quê?", pergunta Kathlyn.
"É óbvio. Porque você a colocou aí", diz a pessoa.
"Tudo bem, vamos analisar isso", diz Kathlyn. "Uma forma de pensar sobre a responsabilidade é 'Quem fez isso?' Muitos de nós se familiarizaram com essa pergunta quando nossos pais viam que havia alguma coisa errada e perguntavam: 'Quem é o responsável por isso?'"
Há risinhos na sala à medida que as pessoas lembram suas experiências com esse tipo de responsabilidade. Kathlyn escreve no painel sobre o cavalete, traçando duas colunas. Uma, intitulada: Definições Familiares de Responsabilidade. A outra: Impulso, Definição de Responsabilidade para Mudança de Vida. E escreve: "Quem fez isso?", sob a coluna Definições Familiares.
"Vamos colocar essa frase nessa categoria porque todos estamos familiarizados com ela e porque saber quem fez dificilmente gera um impulso criativo ou muda alguma coisa."
Kathlyn pergunta novamente: "Quem é responsável por esta nota de cem dólares estar aqui?"
Prevalece o silêncio, e então alguém diz: "Todos nós".
"Por quê?", pergunta Kathlyn.
"Porque a maioria de nós tocou nela quando circulou pela sala. E mesmo que alguém não a tenha tocado, todos ao menos a viram."

"Vamos prestar atenção a essa explanação", diz Kathlyn. "Quando se pensa sobre isso, no entanto, percebe-se que essa é uma elaboração da primeira definição que apresentamos. Em vez de 'Quem fez isso?', temos 'Quem participou da cadeia de eventos que levou ao fato de as coisas serem da forma que são?'. Essa definição de responsabilidade é mais contundente quando o assunto é Watergate ou Irã-contra. O presidente e qualquer outra pessoa que concentre o poder tentam pular fora do círculo. Enquanto isso, a oposição tenta provar que o presidente indiscutivelmente tomou parte na questão. Mas, na verdade, essa é uma outra forma de dizer: 'Quem fez isso?'" Ela escreve "Quem participou da cadeia de eventos?" na coluna intitulada Definições Familiares de Responsabilidade.

"Ora!", diz alguém. "Na verdade, o responsável é o Tesouro Norte-Americano."

"Por quê?", pergunta Kathlyn.

"Eles imprimem a nota", diz a pessoa. Murmúrios de anuência se espalham pela sala.

"Muito bem", diz Kathlyn. "Vamos examinar por esse lado. Será que essa não é uma extensão do paradigma familiar? Está levando o paradigma para a fonte. O Tesouro é responsável porque eles começaram a cadeia de eventos que levou ao fato de as coisas serem como são." Há murmúrios de concordância, e ela escreve "Quem começou isso?" na coluna de Definições Familiares.

Agora há muitas carrancas e braços cruzados na sala. Para resumir, eles estão aturdidos.

Kathlyn os deixa amargar um longo silêncio, permitindo que se forme a tensão criativa.

De repente alguém se levanta e fala, impetuosamente:

"Eu sou responsável por ela estar aí."

"Prove isso", diz Kathlyn.

Ele vai rapidamente até o cavalete e apanha a nota de cem dólares.

"Eu sou o responsável porque ela não está mais lá. Eu assumi a responsabilidade pela mudança."

Kathlyn sorri. "Ele assumiu a responsabilidade pela mudança, independentemente de quem começou tudo isso, independentemente de quem a tocou, independentemente de quem participou da cadeia de

eventos. Ele se levantou e agiu. Parabéns, esse é o impulso, a definição de responsabilidade que determina a mudança de vida."
Ela puxa a seqüência de aplausos. Ele caminha até ela e tenta lhe restituir a nota.
"Fique com ela", diz Kathlyn. "A responsabilidade tem suas recompensas."

COMO FAZER E MANTER ACORDOS

Uma definição simples de um acordo é algo que você disse que faria ou algo que disse que não faria. Parte da arte da vida (e do trabalho) bem-sucedida depende de se aprender como fazer e manter seus acordos.

Se você disser que o relatório estará na escrivaninha de alguém às cinco horas da tarde, você tem de deixá-lo lá ou tem de fazer um novo acordo para mudar o anterior. Ao fazer o acordo inicial você criou uma nova entidade no universo. Antes de você criar essa entidade não havia nada do tipo: "o relatório estará na escrivaninha do Jim às cinco horas da tarde". Ao fazer esse acordo você somou forças com o poder criativo no universo, o mesmo poder que faz crescerem carvalhos onde antes não havia árvores. Ao intervir na unidade com a força criativa do universo, você precisa responder pela criação ou neutralizá-la claramente. Do contrário você estará se opondo ao maior poder existente.

Aqui estão os pontos essenciais da arte, aprendidos à custa de muitas tentativas e erros.

1. Pense cautelosamente antes de fazer um acordo. É muito mais fácil não fazer um acordo do que desistir quando você já não quiser mantê-lo. Se você tiver alguma dúvida a esse respeito, pergunte a um bom advogado especializado em divórcios.

2. Não faça acordos com os quais não sinta uma forte ligação. Se não houver emoção por trás de um acordo, seja o jogo de futebol de seu filho ou a reunião anual dos acionistas, por que se aborrecer? Os acordos que não são importantes para você, mas que você faz assim mesmo, tendem a voltar e a persegui-lo mais tarde, porque alguma pessoa intuitiva vai perceber que você não está nele de corpo e alma.

3. Mantenha escrupulosamente os acordos que fizer.

4. Se você tiver uma vida um pouco mais complicada do que, digamos, um pastor de ovelhas, não deixe de tomar nota dos seus acordos. Eliminá-los de sua mente colocando-os por escrito deixa mais espaço para sua energia criativa. Um componente freqüente das disputas de negócios é a frase: "Não sei se foi exatamente isso que combinamos..." Isso pode e deve ser evitado.

A honestidade não é a melhor política. É a única.

— HARLAN RANDOLPH

COMO MUDAR UM ACORDO QUE NÃO ESTÁ FUNCIONANDO

Só existe uma maneira: falar sobre o assunto. Respire fundo e diga a verdade. O interlocutor pode ou não concordar com a mudança. Pode haver uma explosão emocional. Você pode não conseguir o que deseja, mas nunca saberá se não falar sobre isso.

E se você puder usar de total franqueza, tanto melhor. Por exemplo, se uma importante reunião com seu chefe coincide com a final do campeonato de futebol de seu filho, conte os detalhes do seu conflito à pessoa em questão. Como você se sente em relação a isso? Você está chateado ou confuso? Apresente os dados, a questão não-resolvida dentro de você. As pessoas gostam de ouvir a verdade, pois elas ficam conhecendo o seu "eu real", em vez da versão "empacotada", e freqüentemente essa atitude permite o surgimento de uma solução criativa.

A INTEGRIDADE É MAIS UM PROBLEMA DE FÍSICA DO QUE DE MORAL

Embora a integridade pareça uma questão moral, é uma questão ainda mais básica. A integridade é um problema de física, e burlar as leis da física é um convite para um desastre iminente. Se você se esquiva para não cumprir seu acordo, cria o efeito dominó. Interrompa-o o mais rapidamente possível e tudo ficará bem. Ignore-o ou tente encobrir seus atos e veja o que acontece. O universo não vai intervir nessa questão. Muitas pessoas encaram a integridade como uma questão moral, mas muito antes que surgisse um código de moral — uma invenção do homem — já havia leis fundamentais que regiam o universo. Sem dúvida, essas leis continuarão a existir muito depois que o experimento humano tiver seguido seu curso.

Na batalha entre você e o mundo, tome o partido do mundo.

— FRANK ZAPPA

Por uma razão cósmica e no entanto bastante prática, todos os místicos que entrevistamos para escrever este livro compareceram pontualmente a suas entrevistas, não importava se eles vinham do outro lado da cidade ou do outro lado do país. Eles sabem que fazer um acordo é criar um pacto sagrado com o universo, e que é melhor não mexer com as forças da criação. Eles sabem também que manter acordos é uma declaração de quanto valorizam a si mesmos e à essência da pessoa que está na outra extremidade do acordo.

APOIAR-SE NUMA PERNA SÓ: COMO OS NÃO-MÍSTICOS LIDAM COM UM PROBLEMA DE INTEGRIDADE

Quando confrontados com uma brecha na integridade, os não-místicos costumam tomar uma ou várias destas atitudes:

Dar desculpas: Como a encenação do toureiro, a desculpa é uma tentativa de evitar as conseqüências de ter provocado o destino. Mas a maioria das pessoas de negócios é mais viva do que os touros; não se deixa seduzir pela encenação.

Fingir que nada aconteceu: Alguns ignoram a brecha na integridade e continuam alegremente, como se as coisas estivessem na mais perfeita ordem, adiando, desse modo, o inevitável. Na próxima vez em que a mensagem de alerta surgir, ela vai chegar de modo retumbante.

Executar o mensageiro: Os místicos agradecem às pessoas que lhes mostram a brecha na integridade. As pessoas em geral se afastam delas. No círculo íntimo de Nixon todas as pessoas que diziam a verdade se afastaram, foram rebaixadas ou demitidas, e todos os que permaneceram no poder eram mentirosos. E todos nós sabemos como tudo terminou.

Ficar na defensiva: Algumas pessoas, particularmente aquelas com baixa auto-estima, criam obstáculos ou revidam porque encaram a mensagem como um ataque. Sua auto-estima é frágil, na melhor das hipóteses, então eles pensam que ser advertidos por uma quebra de acordo é o mesmo que uma farpa dirigida contra eles, e não um alerta.

Criar uma cortina de fumaça: Flagrados numa brecha de integridade, algumas pessoas deflagram uma sucessão de queixas que acalentavam dentro de si. Elas não gostam da forma como a mensagem é proferida ou ficam furiosas por alguma outra coisa que elas usaram como desculpa para quebrar o acordo. Às vezes são bem-sucedidas em conseguir que os outros se deixem seduzir por essa mudança de foco.

Aumentar o problema: Outros acabam aumentando o problema, dizendo: "O cheque seguiu pelo correio", quando na verdade ainda não foi sequer preenchido. Apanhados numa brecha de integridade, distantes da sincronia com o universo, eles se distanciam ainda mais da integridade, apoiando-se numa perna só, mesmo em meio a uma tempestade. Tenha cuidado!

Todas essas atitudes são típicas de uma novela, mas acontecem com muita freqüência no mundo empresarial. Para trilhar o caminho do místico, estude-as cuidadosamente e faça exatamente o oposto: agradeça ao mensageiro, absorva a mensagem e aja.

COMO OS MÍSTICOS LIDAM COM UM PROBLEMA DE INTEGRIDADE

A marca mais segura dos místicos em ação é a maneira como eles lidam com lapsos de integridade. Lembre-se, os místicos não são imunes a brechas de integridade, mas são mais rápidos em localizá-las do que a maioria das pessoas.

Os místicos têm por hábito receber o *feedback* com elegância. Eles tomam o cuidado de respeitar tanto a mensagem quanto o mensageiro, agradecem e freqüentemente recompensam a pessoa que diz: "Você quebrou um acordo" ou "Isso não é honesto". A maioria das pessoas não consegue esse tipo de *feedback* direto porque o mensageiro tem medo de abordá-las. É comum os místicos darem mais valor à verdade do que ao próprio sucesso.

Eles são rápidos em reconhecer os lapsos cometidos por eles. Podem dizer coisas como: "Estou percebendo que quebrei nosso acordo" e "Eu não estava dizendo a verdade quando afirmei..." Embora cometam menos erros que uma pessoa comum, eles estão prontos a reconhecer: "Cometi um engano aqui" ou "Veja como eu estava completamente errado naquela questão". As pessoas com pouca auto-estima não conseguem admitir os próprios erros ou a quebra de um acordo: elas têm de estar sempre certas. Os Empresários Místicos vão admitir que cometeram um erro tão prontamente quanto lhe diriam as horas.

Os místicos não desperdiçam tempo com lamentações; eles concentram sua energia nas soluções, às vezes algo tão simples quanto dizer uma verdade que não foi dita no primeiro momento. Outras vezes você precisa lidar com os sentimentos feridos da pessoa que está do outro lado, renegociar um acordo ou fazer uma defesa. Qualquer que seja a atitude a tomar, você só saberá quando fizer a pergunta: "O que é preciso fazer aqui para determinar o problema e solucioná-lo?"

Uma vez estabelecido que a solução está em fazer uma penosa ligação telefônica, o mais sensato é fazê-la o quanto antes. Os problemas de integridade se agravam mais rapidamente quando você os reconhece, mas não atua sobre eles. Geralmente recomenda-se uma conversa ou uma atitude e, às vezes, as duas coisas. Se o seu funcionário fez um saque indevido na conta da viúva Smith, você tem de restituir o dinheiro, demitir o funcionário e prestar todas as contas à viúva. Aja rapidamente e não deixe pontas soltas.

A reação do místico pode ser desdobrada em quatro passos.

Primeiro: Encare honestamente o que aconteceu.

A principal causa de desastres de integridade é olhar para o outro lado, não encarando o problema nos estágios iniciais. Alguns de nós adiam por toda uma vida. Um exemplo: um homem que liderava uma das maiores empresas dos Estados Unidos estava tendo um caso amoroso com uma mulher influente, uma vice-presidente alguns anos mais nova do que ele. Quando os boatos começaram a se espalhar pela empresa, seu assistente lhe disse que ele precisava encarar a situação honestamente. Segundo o assistente disse mais tarde, seu chefe literalmente ficara olhando pela janela e mudara de assunto! O custo de não encarar o problema honestamente cresceu rapidamente. Logo, com o quadro de diretores atrás dele, o chefe negou veementemente, dizendo que ele e a vice-presidente eram "apenas amigos". Ninguém acreditou nisso e o tempo mostrou por quê. Mais tarde, depois de demitidos, os dois acabaram se casando.

A pergunta continua: Por que simplesmente não encarar honestamente as coisas? A resposta é o medo que a maioria de nós carrega desde os tempos de escola: Não queremos ser apanhados e parecer bobos. Os místicos conhecem um segredo que os cura desse problema: quando começamos a ficar com medo, é sinal de que já fomos apanhados e já parecemos bobos. Nós mesmos nos apanhamos. O melhor é admitir de bom grado e seguir em frente.

Segundo: Aceite a situação.

Suponha que você tenha sonegado impostos. O primeiro passo — encarar honestamente o que aconteceu — significa não negar, não dar desculpas, não racionalizar nem evitar o assunto. Admita: você sonegou. A aceitação vai mais longe ainda. Ela permite que você tenha uma experiência física e profunda da realidade. Você não terá aceito nada até sentir uma mudança profunda em si mesmo. Isso pode levar tempo. Significa renunciar à sua última resistência em favor da verdade. Você aceita a parte de sua natureza que é um sonegador. Você reconhece sua avareza, sua irresponsabilidade e qualquer outro sentimento que tenha motivado a sonegação. Você aceita sua história de sonegação, assumindo o que aconteceu, e se abre para aprender tudo aquilo de que precisa para saber sobre o papel que a sonegação desempenha em sua vida. Aceitar é uma atitude bastante abrangente. Pode levar meses, não minutos. No entanto, quando você realmente aceita alguma coisa, não importa quanto tempo leve, você cria um espaço aberto para gerar, a partir dele, uma nova maneira de ser.

A maioria de nós não chega a conhecer a verdadeira aceitação por duas razões. A primeira é que nós freqüentemente não queremos aceitar aspectos desagradáveis ou repugnantes de nós mesmos. Mas enquanto não encararmos e aceitarmos esses aspectos — "Sou um alcoólatra" ou "Eu soneguei"— não haverá um espaço claro a partir do qual se possa gerar uma mudança. A segunda é que muitas pessoas pensam que se elas aceitarem alguma coisa, ficarão presas a isso para sempre. Há um grande paradoxo nisso. Não aceitar alguma coisa como ela é, acaba mantendo-a na mesma posição. Com a aceitação, inicia-se o processo de mudança. Nós colocamos as coisas às avessas. Precisamos entender que uma aceitação completa, física e profunda da realidade, exatamente como ela é, proporciona o trampolim para a mudança.

Terceiro: Faça uma escolha.

A escolha encerra um enorme poder, especialmente se provém de um espaço claro de aceitação. A omissão na escolha um novo plano de ação provoca muitas brechas de integridade, da mesma forma que o fato de não encarar e não aceitar o problema. As pessoas em geral pensam que não fazer uma escolha mantém muitas opções abertas. O místico sabe que não escolher nos mantém envolvidos em confusão e nos faz perder energia. Perry Barlow encarou uma difícil escolha quando foi transferido para o cargo de superintendente de uma empresa encarregada do incremento do aproveitamento de terras na Austrália. Os seis meses anteriores tinham sido difíceis, imersos numa disputa para saber se dariam continuidade a um projeto de desenvolvimento de um balneário que violava um local sagrado dos aborígenes. A reputação do superintendente anterior tinha sido desgastada nessas disputas, e Perry tinha sido contratado para ajudar a empresa. Ele convocou uma reunião em seu primeiro dia de trabalho e anunciou que o projeto seria abandonado. Da noite para o dia ele se tornou um herói para os ambientalistas, um dos quais dirigia um pedaço de terra que se ajustava maravilhosamente ao projeto.

Quarto: Aja.

O quarto passo o liberta. Pede que você se concentre na ação: O que você precisa fazer agora para consertar a situação? Suponha que você tenha encarado e aceito que sonegou imposto de renda. Você deu o terceiro passo, escolhendo pagar a quantia que deve. Qual é seu quarto passo? Preencher o cheque e enviá-lo pelo correio? Escrever para a Receita Federal e dizer-lhes qual foi sua decisão? Você só vai recuperar a integridade quando tiver tomado a atitude necessária.

DEMISSÃO — UM PASSO PARA A INTEGRIDADE

À medida que aprimorar sua capacidade de dizer a verdade e de manter seus acordos, você se verá refreado por pessoas que não estão dispostas a agir com alto grau de integridade. Você precisa se libertar conscientemente desses obstáculos. Esteja ou não em posição de decidir o futuro dessas pessoas na empresa, você pode se beneficiar "demitindo-as" de sua vida pessoal e profissional.

A demissão demanda coragem, mas os resultados logo aparecem. As regras para a demissão são simples: Se você disser a verdade com confiança, você vai parar de perder tempo com pessoas que não o fazem. Se mantiver seus acordos, evitará as pessoas que não os mantêm. Você "demite" as pessoas que não estão trabalhando no mesmo grau e integridade que você e, agindo assim, estabelece uma zona livre para a qual pode convidar pessoas que comunguem do mesmo ideal de integridade. A demissão exige que se olhe para a outra extremidade do relacionamento. Você deve ser honesto consigo mesmo com relação às razões que o levaram a envolver essa pessoa em sua vida. Para muitos de nós, a verdade nua e crua é que manter colegas com pouca energia é uma forma de nos contermos. Enquanto estivermos sobrecarregados com as pessoas que drenam energia, teremos uma boa desculpa para não ser tão bem-sucedidos quanto poderíamos ser.

A maior parte das demissões feitas por não-místicos não são realmente demissões. Uma pessoa simplesmente fica furiosa com a outra, em geral por um motivo totalmente inconsciente, e há uma ruptura desastrosa. Não há intenção de se criar integridade para cada uma das pessoas. Na demissão plena, antes de romper relações com a pessoa, você primeiro expõe suas intenções. Se você for generoso, provavelmente vai querer preveni-la: "Estou assumindo uma posição importante em favor da verdade e na tentativa de manter os acordos que faço. Não temos tido um relacionamento com alto grau de integridade. Você estaria disposto a basear nosso relacionamento na integridade daqui para a frente?" Observe cuidadosamente a reação da outra pessoa. Se ela ficar na defensiva ou de alguma maneira for negativa, isso já é uma previsão de que ela não é capaz. Você pode lhe dar uma chance, se quiser, mas vai se desapontar. A maioria das pessoas, considerando retrospectivamente, desejaria ter demitido a pessoa mais cedo e mais honestamente.

Um colega consultor nos contou uma história de demissão: "Quando você me desafiou a observar quem estava consumindo energia à minha volta, meu impulso foi resistir. Ao analisar por que eu estava na defensiva descobri uma questão de lealdade proveniente da proteção da minha mãe contra meu pai. Meu pai era freqüentemente agressivo e eu tomava o partido de minha mãe, protegendo-a. Mas ficar do lado dela significava tolerar alguns de seus maus hábitos, especialmente seu caráter supercrítico em relação a mim e à minha irmã. Era uma situação sem saída para mim, e eu estava completamente envolvido por ela. Então percebi que fazia a mesma coisa em minha empresa. Um dos meus empregados era um verdadeiro dreno de energia. Indiretamente ele dava lucro à empresa, mas tinha um comportamento inadmissível. Ele estava traindo a mulher de maneira flagrante, o que tinha gerado alguns telefonemas desagradáveis das mulheres para mim. Percebi que não enfrentar honestamente aquela situação era uma repetição do meu padrão de comportamento com relação a meus pais.

"Chamei-o para uma reunião e comuniquei-lhe que seria dispensado. Ele ficou com raiva e muito agressivo, usando uma linguagem que era estranhamente semelhante à de meu pai. No entanto, mantive-me tranqüilo e saí da reunião me sentindo leve e livre.

"A mágica real aconteceu justamente depois dessa demissão. Há mais de um ano eu vinha tentando conseguir espaço em um programa nacional de entrevistas para a divulgação de meu livro. Mesmo que o livro já estivesse publicado há um ano, inesperadamente dois programas nacionais num prazo de três dias, me contataram. Embora não seja possível provar isso, minha intuição me diz que demiti-lo abriu espaço para essa onda de boa sorte."

O DESFECHO

Ao agir com integridade, você entra em sintonia com o universo. Se disser que vai estar na esquina da Vine com a Ninth ao meio-dia, você assume o papel de criador no universo. Você desenha um futuro que ainda não existe e cria uma imagem de si mesmo naquele local. Se você realmente aparecer naquela esquina ao meio-dia, estará em relacionamento perfeito de tempo e espaço com o universo. Se não, estará em desarmonia com o tempo e com o espaço. Assim, o desfecho para a integridade é o domínio dessas duas dimensões. Depois de agir com integridade por algum tempo, você sempre se sentirá no lugar certo, na hora certa. O universo parecerá se curvar aos seus desejos.

A história verdadeira que narramos a seguir vai ilustrar como uma pessoa com plena integridade pode mover-se livremente pelo universo repleto de perigos, dificuldades e incertezas. Susan Snowe, uma consultora empresarial, estava conduzindo um curso intensivo sobre integridade no sul da Califórnia. Um dos acordos para o seminário era radical e rigoroso: Se, durante aquela semana, algum dos participantes chegasse atrasado para uma das sessões, estaria fora do programa. E ponto final. Não haveria justificativa ou desculpa. Como se tratava de um programa de treinamento muito caro, era grande a motivação para a integridade.

Susan conta a história: "Uma noite, ao retornar de um intervalo para o jantar, uma mulher se levantou e relatou a seguinte experiência. Ela tinha saído para resolver um problema durante o intervalo e estava voltando com o tempo contado. Quando saía de um supermercado com uma sacola de compras, um homem com uma faca a abordou e exigiu dinheiro. Sem pensar, ela o fitou nos olhos e disse: 'Não tenho tempo para isso agora. Tenho um acordo e não posso quebrá-lo. Preciso ir'. Ela correu até o carro e saiu em velocidade, deixando para trás um ladrão atônito, que fitava o carro que se afastava.

"Ela chegou em tempo para a sessão noturna, com seu dinheiro e sua integridade intactos".

2

Visão:

LIDERANÇA AO INSPIRAR INTENÇÃO CLARA

Os únicos limites, como sempre, são os da visão.
— JAMES BROUGHTON

Se você é capaz de sonhar, você pode realizar.
— WALT DISNEY

A integridade deve preceder a visão. A história nos mostra as tristes conseqüências de visão sem integridade. Um líder carismático como Hitler leva seu povo à exaltação por causa de uma visão, mas os leva também à ruína, porque sua visão não é baseada na integridade, mas é essencialmente pútrida. Se sua visão não tem uma forte base de integridade, você pode contar com desastres mais adiante. Comece a se concentrar na integridade e suas visões terão um grande impacto positivo no mundo.

A integridade tem um efeito benéfico sobre a capacidade do homem de ver o futuro. Ela gera um alinhamento interior, e, exatamente como um carro bem-alinhado, torna-se mais fácil de dirigir. Se sua integridade é inabalável, você tem um claro domínio da realidade presente — e isso o ajuda a ver para onde as coisas estão caminhando. Em especial, deixa-o entrever se a direção que está tomando faz com que o espírito das pessoas envolvidas, o seu inclusive, se contraia, murche ou seque. Não há aviso antecipado mais eficiente de que se está indo na direção errada. Se você aspira a ser um Empresário Místico, combine seu domínio de integridade com um estudo cuidadoso de habilidades visionárias.

Se não mudarmos a direção em que estamos seguindo, provavelmente acabaremos no lugar aonde estávamos querendo chegar.

— Antigo Provérbio Chinês

A maioria das falhas profissionais é falha de visão. Contrapondo-se a isso, uma visão clara é quase sempre o primeiro passo na estrada do sucesso. Muitas das pessoas de sucesso que encontramos começaram sua trajetória com uma atitude de visão. Algumas vezes foi algo simples, como fazer a si mesmos a pungente pergunta: "O que eu realmente quero?" Para outros foi um procedimento mais formal de imitar um futuro desejado na imaginação.

Os visionários não raro encontram dificuldades nas empresas, a menos que ocupem altos cargos de chefia (e, às vezes, ainda assim). A maioria das pessoas visionárias que encontramos, em geral se sentia frustrada porque tinha de lidar com dois ou três níveis de gerentes não-criativos, não-visionários. Os gerentes são peritos em destruir idéias alheias, mas não tão eficientes em estimular as idéias criativas dos visionários. Nesse ponto, os visionários também devem arcar com parte da responsabilidade. Conhecemos muitos deles que, ao encontrar resistência, eram sensíveis demais para persistir em suas visões.

Há muitas e boas razões para se buscar desenvolver habilidades visionárias. Sem visão você não tem direção preventiva onde possa organizar os recursos para seu comando. A visão lhe permite criar a realidade e não simplesmente reagir a ela. Outra grande vantagem da visão consciente é a maneira como são recebidos os contratempos. Se você tem uma visão clara de seus propósitos e objetivos, vai encarar os contratempos inevitáveis como barreiras no caminho para algo maior. Se tiver maior visão, você vai encarar as barreiras como desafios, em vez de obstáculos, a serem estudados com cuidado à medida que você os ultrapassa. Algumas pessoas se desintegram quando deparam com contratempos. Isso se dá porque a visão delas não é suficientemente grandiosa.

Todo Empresário Místico que entrevistamos mostrou-se um visionário habilidoso. Embora as técnicas mentais usadas fossem muito diferentes, todos eles sabiam como se transportar para o futuro e então descrever os passos necessários para chegar lá. Alguns de nossos místicos possuíam essas habilidades desde a infância, enquanto outros haviam trabalhado conscienciosamente para desenvolvê-las. Os Empresários Místicos também são mestres de algo mais amplo que vamos chamar de intenção. Vamos começar por aí.

O QUE É INTENÇÃO

A intenção é uma força poderosa. A palavra se origina do latim e significa "estender-se em direção a"; a intenção é a inclinação inicial de sua mente em direção a um alvo. É a força que permeia a trajetória e o objetivo. Uma história da tradição cristã medieval ilustra a intenção: Um viajante chegou a um campo de trabalho e viu dois homens carregando pedras. Um deles trabalhava apaticamente, com uma expressão sombria no rosto, enquanto o outro cantava alegremente enquanto carregava pedras de um lado para o outro. "O que você está fazendo?", perguntou o viajante ao trabalhador apático. "Carregando pedra", foi sua resposta. "O que você está fazendo?", perguntou ao trabalhador diligente. "Construindo uma catedral", respondeu ele. Isso é a intenção em ação.

A intenção precede e inspira a visão; vive na zona entre o potencial e a ação, organizando a energia difusa do potencial e direcionando-a para a realidade. A intenção é também a capacidade de deter um contexto visionário no qual todas as suas visões específicas são organizadas. A liderança inspirada é capaz de trabalhar a partir da zona de intenção, de tal forma que seu próprio ser produz pensamentos visionários em seus colegas. Isso é fundamental porque grandes líderes não desejam ter seguidores, eles querem gerar novos líderes. As velhas fórmulas, como "A direção idealiza o trabalho e os trabalhadores o executam" são coisa do passado. O ideal seria que todos tivessem a capacidade de somar sua própria capacidade visionária única ao trabalho a ser realizado. Mas muitos de nós, mesmo os melhores e os mais brilhantes, ficamos em situação desvantajosa por falta de treinamento nas habilidades de intenção e visão. Você terá de se esforçar por si próprio e por seus colegas para adquirir um nível funcional de habilidade.

Pense na intenção como o meio de chegar a um lugar, não como um mapa detalhado. Trata-se de um objetivo amplo que é ao mesmo tempo mensurável, embora seja tão vasto a ponto de inspirar as pessoas a se tornarem visionárias. A intenção é o modo como você quer que o jogo se apresente, tanto em termos de conteúdo quanto de procedimentos. Ela põe a mágica em ação. Se você tomar a decisão, como se costuma dizer, seu subconsciente se encarregará de tomar as providências.

Equipes interdisciplinares na Monsanto trabalharam diligentemente em sua intenção até transformá-la em algo que todos pudessem apoiar: "Alimentos em abundância e ambiente saudável". As equipes da Komatsu, o fabricante japonês de equipamentos de escavação para grandes extensões de terra, passaram muito tempo trabalhando para exprimir sucintamente sua intenção. Finalmente elas conseguiram fazê-lo em três palavras: "Cercar a Caterpillar!" Essa intenção descreve a imagem que elas gostariam que a empresa tivesse. Exprime também o senso de competição que elas vão explorar para chegar lá. Com três palavras eles formalizaram uma intenção que também funcionava como um chamado à união. Sua intenção pode e deve ser expressa assim, concisamente. Outro bom modelo, desenvolvido por uma equipe da Coca-Cola: "Uma coca-cola ao alcance de sua mão". Goste ou não de Coca-Cola, ao ouvir essa intenção, você pode senti-la em seu corpo e em sua mente.

Se sua intenção é clara, você cria um campo elétrico potencial que, na verdade, atrai a criatividade exterior e aquela que está à sua volta. Esse é o poder real da intenção. Ela o inspira de várias maneiras, quase sempre inesperadas. Quando os Komatsu desenvolveram sua intenção

— Cercar a Caterpillar! — eles não sabiam exatamente como a realizariam. Ao contrário. Um dos grandes marcos de uma boa intenção é que ela desafia suas capacidades habituais. À medida que a clareza deles aumentou com essa intenção, eles se viram planejando a tecnologia e as estratégias de *marketing* que se coadunassem com as dimensões de sua intenção.

Se você sabe exatamente como atingir seu objetivo, você está precisando de uma intenção maior. Crescimento e estímulo em indivíduos e empresas vêm do esforço feito para alcançar as coisas que podem ter parecido impossíveis, até mesmo uma semana antes.

O segredo da vida é ter uma tarefa, algo a que dedicar toda a sua vida ... e o mais importante — de preferência algo que você não consiga fazer!

— HENRY MOORE

Precisamos de mais pessoas que se especializem no impossível.

— THEODORE ROETHKE

COMO CRIAR UMA INTENÇÃO EFICAZ

Uma vez Kate foi encarregada de conduzir um grande projeto para que executivos dos seis maiores fornecedores de semicondutores e seus oito maiores distribuidores partilhassem dados e informações para o bem comum. Kate: "Eu fiquei muito animada com a natureza empreendedora desse projeto cooperativo. Um dia, quando já estávamos com o projeto em andamento, recebi um telefonema dizendo que o maior dentre os distribuidores estava voltando atrás. Fiquei profundamente desapontada. Embora o projeto ainda tivesse utilidade, ficar sem o maior representante desse segmento enfraqueceria o paradigma de mudança do esforço de colaboração. Na verdade, lamentei demais, porque eu queria muito que eles trabalhassem juntos.

"Contudo, fomos em frente, e no meu íntimo estabeleci a intenção de ter o projeto rendendo tanto quanto tínhamos imaginado, independentemente de quem estava ou não tomando parte nele. Mantive a intenção de transformá-lo numa vitória para os participantes e mesmo para a empresa que tinha desistido. Resolvi partilhar com eles minhas descobertas, mesmo que eles não estivessem partilhando uns com os outros. Depois de alguns meses tínhamos processado a maior parte dos dados, mas deparamos com um problema de *software* que nem imaginávamos como corrigir. Quando estávamos tratando de resolvê-lo, recebi um telefonema do líder da empresa que tinha desistido do projeto. Eles estavam decididos a participar! Todos ficaram eufóricos e até concordaram em esperar seis semanas para que os novos dados fossem integrados, de forma que pudéssemos apresentar um conjunto unificado de idéias. Durante essas seis semanas resolvemos o problema de nosso *software*, e o adiamento de prazo se tornou uma bênção para todos os envolvidos."

CUIDADO COM AS INTENÇÕES OCULTAS

A maioria de nós possui valores que são sagrados, como compromisso apaixonado, integridade total e uma consideração calorosa pelos outros, ainda que nem sempre ajamos de acordo com essas nobres intenções. O inferno, como diz o ditado, está cheio de boas intenções. Mas por quê?

Porque temos intenções ocultas, escondidas da luz, que nos enganam quando nos movemos na direção que escolhemos. A única forma de clarear essas intenções ocultas é trazê-las à luz e reconhecê-las abertamente.

Um Empresário Místico que entrevistamos nos contou esta história: "Durante o desenvolvimento de [um novo projeto tecnológico] aconteceu de eu perder um prazo de entrega após o outro. O superintendente sempre me repreendia e eu dizia: 'não é do meu feitio' e 'nunca perdi prazos antes'. Uma noite, finalmente, depois de uma de nossas sessões de consultoria, parei de ficar na defensiva e reconheci minha intenção negativa. Eu disse: 'Tudo bem, estou comprometido com a perda de prazos. É o que dizem os resultados. Eu tenho a intenção de perder prazos'. Bem, e por que eu teria aquela intenção? Aproximadamente dois segundos depois de ter feito aquela pergunta a mim mesmo, acendeu-se uma luz em minha mente. Aquele era o maior projeto da minha carreira, e eu queria desesperadamente ser bem-sucedido aos olhos do superintendente, que era como um pai para mim. Mas, ao mesmo tempo, eu estava colocando no projeto todo o criticismo de meu verdadeiro pai. Era como se eu estivesse tentando produzir algo e falhasse aos seus olhos. Percebi que tinha uma intenção consciente de prosperar e uma intenção inconsciente de falhar. Como eu falhara com tanta freqüência aos olhos de meu pai, eu tinha incorporado essa intenção negativa, que estava me impedindo de progredir".

Um de nossos clientes era um ativista da paz de grande reputação que tinha fundado uma organização política. Sua intenção consciente era a não-violência e a harmonia mundial, ainda que sua organização estivesse com problemas devido a suas violentas explosões de raiva. Sua mulher também o tinha deixado porque ele a espancara diversas vezes. Pelas suas ações era óbvio que ele tinha uma intenção oculta de prejudicar os outros que estava sabotando sua intenção declarada de promover a paz.

Ele tinha muita facilidade em expressar sua intenção de promover a harmonia mundial — ele podia fazer aquele discurso a qualquer momento — porém ele ficou furioso conosco quando lhe pedimos para reconhecer sua intenção em relação à violência. Era muito fácil dizer: "Estou comprometido com a paz mundial", mas ele teve dificuldades em admitir: "Estou decidido a atingir meu objetivo, mesmo que seja por meio da violência". Entretanto era essa intenção que estava arruinando sua vida.

Só há uma forma de descobrir uma intenção inconsciente: examine os resultados negativos que você produz. Todo Empresário Místico tem esse princípio como fundamental. No caso do nosso cliente ativista da paz, os resultados disseram: "Estou comprometido em expressar violência". Depois de vários e cansativos dias de consultoria, ele teve coragem suficiente para reconhecer tanto seus aspectos pacíficos quanto os violentos. Ele associou as raízes de sua violência com o relacionamento atormentado que teve com o pai alcoólatra e agressivo. Descobriu também que, em parte, ele tinha se tornado um ativista da paz como reação a seu conflito com o pai, na intenção de "vou mostrar a ele!" Somente depois de reconhecer tudo isso é que terminaram seus acessos de violência. Seus problemas profissionais e conjugais diminuíram quando ele trouxe à luz suas intenções ocultas.

A paz primordial mais importante é aquela que vem de dentro da alma das pessoas quando elas se dão conta de seu relacionamento e identidade com o universo e com todos os seus poderes, e quando percebem que no centro do universo vive o Grande Espírito e que esse centro é, na verdade, qualquer lugar. Está dentro de cada um de nós.

— BLACK ELK

A INTENÇÃO DA INTEIREZA

Se fosse atuar no reino místico, você teria de agir com uma intenção clara de inteireza e ligação. Ou seja, a intenção deveria ser expressa da seguinte forma: "Eu conscientemente pretendo que [este projeto ou empresa] se beneficie da inteireza de nós mesmos e do mundo à nossa volta". Se você construir esse tipo de metavisão logo de início, seus projetos vão funcionar mais tranqüilamente. Se você finge não estar ligado ao mundo, isso não o impede de estar ligado. Isso apenas o impede de se *sentir* ligado. Os místicos têm uma capacidade quase involuntária de fazer perguntas, tais como: Por que eu não estou participando do todo? Quem mais não está agindo em relação ao todo? Onde foi rompida ou impedida a ligação?

O diretor da Motorola, Rick Younts, diz: "Antes de assumir um cargo internacional e começar a interagir com tantas outras culturas, eu era um bocado míope. Até eu visitar as florestas e me sentar sob as árvores que tinham mais de quatrocentos anos eu não entendia como elas eram antigas e frágeis, como era importante harmonizar nossa vida com a natureza". Isso é uma consciência de inteireza e ela pode influenciar de forma poderosa a visão do futuro desse executivo ao desenvolver novos projetos.

A INTENÇÃO DE EQUILÍBRIO

O equilíbrio é a segunda intenção-chave do Empresário Místico. À medida que avançamos na conquista de nossas visões escolhidas, precisamos manter em equilíbrio a nós mesmos e às nossas empresas. A noção de equilíbrio permeia a visão de mundo do místico. Para os taoístas, *yin* e *yang* estão em eterno equilíbrio em toda a natureza, e nossa tarefa como humanos é nos harmonizarmos com esse equilíbrio. Um alto conceito da metafísica de Navajo, *hozho*, diz que devemos seguir em harmonia com nós mesmos e com a Terra, para que não prejudiquemos nem a uns nem a outra.

As pessoas de negócios se desequilibram em várias áreas comuns.

Lógica e emoção. A natureza nos deu a lógica, que reside no neocórtex, e também nos deu a emoção, que reside abaixo do córtex, no sistema límbico. A lógica é indispensável para o sucesso nos negócios, mas as pessoas de negócios ficam perturbadas quando deixam para trás seus sentimentos. Nossos sentimentos se desenvolveram muito antes da lógica, por isso não podemos descuidar de estar em comunicação com eles. As emoções como medo, raiva e tristeza atravessam a tela da nossa consciência, o dia todo. Você não tem de relatar cada uma delas ao mundo, mas quando está sentindo alguma coisa, tem de saber identificar esse sentimento.

Lar e trabalho. Não importa em que nível da hierarquia empresarial você se encontre, recomenda-se vigilância constante para que as demandas do local de trabalho não consumam sua vida familiar. Quanto mais alto você sobe, mais imperativo se torna entrar e sair pela porta da frente todos os dias com mente clara e coração aberto. Em nosso trabalho de consultoria, constatamos que o desequilíbrio entre o lar e o trabalho é o assunto mais comum nas conversas entre os executivos. Solteiros ou casados, morando numa mansão ou num *studio*, todos nós temos uma vida pessoal. É fácil se desequilibrar, dadas as demandas atuais do ambiente profissional. *Empenho* versus *prazer*. A mandíbula cerrada e a sobrancelha marcada não são sinais de dedicação, mas de desequilíbrio. Você é assim tão preocupado com o resultado que não se compraz no processo? Se for esse o caso, descubra como dar vazão às suas emoções e ter dias melhores. Talvez você até descubra, como muitos fizeram, que consegue realizar mais quando relaxa um pouco. Como consultores, uma das maneiras mais rápidas de diagnosticar a saúde de uma organização é observar a quantidade de pessoas divertidas que ali existe. Elas são eficientes e conseguem realizar o trabalho de forma agradável. É um sentimento que chamamos de "burburinho divertido" que as organizações bem-sucedidas têm. O burburinho divertido é feito de profissionais relaxados, interações agradáveis, risos e comprometimento. Uma das coisas mais excitantes de vivenciar como consultores empresariais é ver o burburinho divertido se iniciar e verificar como a saúde da organização melhora.

A intenção de equilíbrio mudou a vida de John Fine, um verdadeiro fomentador e empreendedor imobiliário que atua na Califórnia e no Colorado. "Durante os dez primeiros anos da minha vida profissional, eu estava tão concentrado em meus projetos que dificilmente parava para tomar um fôlego. Mesmo quando eu estava fazendo caminhadas pelas montanhas eu estava idealizando projetos em minha mente. Então eu tive dois 'avisos' na mesma semana. Enquanto estava fazendo *jogging* (e, é claro, discutindo um projeto imobiliário com a pessoa com quem estava correndo) fiquei com dor no peito. Procurei um médico em pânico, mas não foi diagnosticado um problema cardíaco, e sim, emocional. Minha mulher me havia dito, há um ano, que eu precisava exteriorizar as minhas emoções, assim eu poderia descobrir por que ficava com tanta raiva quando as coisas não aconteciam como eu queria. Quando voltei para casa e lhe disse que estava tudo bem com meu coração, ela disse que não concordava, de modo algum. Na sua opinião, eu estava escondendo tanta raiva e tristeza que não importava quantos *shoppings* eu construísse, eu nunca seria feliz enquanto não olhasse para dentro de mim. Além disso, ela disse que estava pensando em desistir do nosso relacionamento porque eu vivia ausente. Ela disse: 'Não me casei só para aparecer em eventos públicos com meu marido. Quero um casamento de verdade'. Fiquei aturdido e me sentei no chão da sala de estar para ruminar aquilo. Dez segundos depois me desfiz em lágrimas. Acho que eu não chorava daquele jeito desde que era criança. Eu não conseguia parar de chorar, mesmo que quisesse, e me vi balbuciando para minha mulher como eu me senti enganado por não ter tido infância. Meu pai teve um ataque cardíaco quando eu tinha 11 anos e eu assumi seu papel na família. Eu tinha tantas rugas nos olhos aos 14 anos quantas tinha agora, aos 44.

"Graças a Deus, Annie não tentou me consolar dizendo para eu parar de chorar ou que tudo ia melhorar. Quando consegui me refazer, o que levou uns vinte minutos, eu me levantei e fiz uma lista de 'promessas', à medida que pensava nelas. Eu prometi brincar e amar tanto quanto eu trabalhava, sorrir tanto quanto eu franzia as sobrancelhas. Na verdade eu pendurei a lista na parede do meu escritório e do meu quarto. Pedi a Annie seis meses para fazer valer essas promessas. Se ela visse que eu não estava fazendo progressos, nós nos divorciaríamos amigavelmente. Um dos dias de maior orgulho da minha vida foi quando acabou aquele prazo de seis meses. Eu disse: 'E então?' Ela me abraçou calorosamente e disse que eu tinha mudado a minha vida. Isso foi há vinte anos e nós ainda estamos juntos."

Um resultado direto dessa transformação pessoal foi a decisão de John de instituir uma intenção de equilíbrio em sua empresa. A manhã de sexta-feira começava com reuniões de "equilíbrio", para as quais ele convidava oradores de diferentes formações para falar sobre a questão da inteireza e do equilíbrio. Os seminários, que aconteciam uma vez por ano, também abordavam esse tema. Muitas pessoas importantes foram convidadas pela primeira vez e foram escolhidas diversas localidades distantes da cidade, tendo sempre em mente a idéia de equilíbrio.

A INTENÇÃO DA GRATIDÃO

Suas visões vão se tornar mais serenas se elas emergirem de um contexto de gratidão. Muitas pessoas têm gratidão às avessas. Elas se dispõem a expressá-la somente depois que acontece alguma coisa de bom para elas. Os Empresários Místicos conhecem um segredo: Expresse gratidão — lidere com gratidão — e você receberá gratidão em dobro. Cada novo passo em direção ao futuro é dado em agradecimento pela forma como as coisas são agora. E se o modo como as coisas são agora não é como você gostaria que fosse? Isso é mais um motivo para valorizá-las, pois o início da mudança de vida está na aceitação plena da realidade presente. O Empresário Místico raciocina assim: as coisas são como elas são; então vamos tratar de mudá-las. A pessoa comum, por outro lado, pensa: as coisas não podem ser assim! De quem é a culpa de as coisas serem como são? Negar e culpar não têm lugar na caixa de ferramentas do místico. Um olhar objetivo no presente e uma visão do futuro; essas são as ferramentas que o místico usa para se conduzir num universo em constante mudança.

Uma boa pergunta é: O que eu poderia fazer na minha vida e na minha organização para adotar um tom penetrante de gratidão? Se você tivesse de recompensar cada pessoa com quem trabalha mais diretamente de uma forma especial que as tocasse, o que você faria? Por exemplo, numa das organizações dos autores, deu-se muita atenção à gratidão. Gay: "Temos um grupo heterogêneo de pessoas trabalhando conosco, assim nosso desafio era expressar nossa gratidão de forma condizente com cada uma delas. Uma dessas pessoas adora viajar. No final de um ano muito produtivo, demos a ela como bônus uma viagem ao Havaí. Uma outra pessoa valoriza muito a educação. Nesse caso, nós a ajudamos financeiramente em sua instrução, e também lhe proporcionamos disponibilidade de tempo para isso. Progredimos com idéias baseadas na pergunta: 'O que de melhor poderíamos fazer para expressar nossa gratidão?' e então as consultamos para acertar os detalhes".

Comece com um momento de reflexão: Em sua vida, a quem você é mais grato? Como poderia mostrar sua gratidão às pessoas que estão à sua volta? Pare por alguns segundos, agora, para avaliar sua consideração por elas.

A TIRANIA DO "É"

Alguns visionários parecem ter nascido livres da tirania do "é". Mas o restante tem de se libertar disso. O que é essa tirania? É uma visão de mundo que o mantém preso a um conjunto limitado de opções. Funciona assim: Muitas pessoas agem não a partir de uma visão, mas da superstição de que sua interpretação da realidade corresponde à realidade em si. Logo após o surgimento da locomotiva a vapor, um avanço na tecnologia possibilitou que ela excedesse 48 quilômetros por hora. Com a perspectiva de atingir 64 quilômetros por hora, iniciou-se uma polêmica, até na literatura médica da época. Um médico erudito afirmava que era do conhecimento de todos que o corpo humano explodiria se exposto à velocidade de 64 quilômetros por hora. "É" assim, disse ele.

Numa empresa, quando todos concordam com a interpretação das condições em curso, estabelece-se esse tipo de tirania.

"A empresa está em declínio."
"Estamos em recessão."
"O presidente é um líder ineficiente."
"Este problema é insolúvel."

Quando estamos nas garras da tirania do "é", não há possibilidade de mudança. Vemos o problema, não importa qual seja, como intratável.

> *Observe o que acontece quando um homem diz a si mesmo: "errei três vezes", e o que acontece quando ele diz: "sou um fracasso".*
>
> — S. I. Hayakawa

Os líderes visionários se libertam da tirania e fazem com que outras pessoas também se libertem. Eles observam cuidadosamente todos os pontos onde estão administrando sem a tirania do "é". Eles recuam, dissociam sua interpretação da realidade e descobrem o que precisa ser feito.

Comece mudando seus verbos. Evite "é" e "são". Em vez de dizer: "O presidente é um líder ineficiente", tente "Eu não concordo com a escolha do presidente..." ou "O presidente não conseguiu uma negociação de sucesso, como disse que conseguiria". Quando você abandona o "é", você abre a possibilidade para que a mudança ocorra. "É" e "são", como afirmações de ser, não apontam para ações que podem ser empreendidas. Quando você descongela suas percepções de "é" e "são", você se move na direção da ação: O que o presidente pode fazer para prosperar nas negociações? O que eu posso fazer para ajudar?

A TIRANIA DO PORQUE

Há um outro tirano com o qual você precisa lutar em sua empresa e em sua vida pessoal. É a tirania do "porque".
"Eu me atrasei porque meu despertador não tocou."
"Os lucros estão caindo porque há recessão."
"Estou me divorciando porque minha mulher é muito crítica."
"As mulheres são líderes fracas porque elas são muito emocionais."
"Você não pode ser honesto com as pessoas porque isso vai prejudicar o relacionamento."

Quando você diz "porque", você diz que sabe a razão de alguma coisa ter acontecido. Você justifica seu curso de ação com um fator externo. Sabe de uma coisa? Às vezes você está certo. Entretanto, com maior freqüência a razão que você invoca não é a única ou não é a mais importante. Se você acha que está atrasado porque seu despertador não tocou, está esquecendo outras possibilidades interessantes. Você pode estar atrasado porque tem um programa de ação de auto-sabotagem ou porque realmente não quer fazer o que está fazendo. Quando se fixa num determinado "porque", você não passa disso. Ao dizer "porque", você interrompe o processo de investigação.

"Porque" é uma visão assassina. Uma das frases mais comuns ouvidas nas primeiras sessões sobre visão conduzidas em empresas é: "Não podemos fazer isso porque..." Pode haver várias razões: dinheiro insuficiente, recursos insuficientes, tempo insuficiente. Uma outra frase comum: "Meu plano foi abandonado porque eu não estava disposto a tratar de política". "Porques" são perigosos, pois eles nos afastam da atitude de olhar para dentro de nós mesmos. Um "porque" interrompe o processo de investigação que pode estar em andamento para que pessoas e empresas progridam.

Aqui está como um Empresário Místico lidou com um "porque" potencialmente importuno. Como vice-presidente recém-nomeada, ela tinha dificuldade de conseguir que os demais integrantes da equipe executiva ouvissem suas idéias. Quando ela disse: "A princípio, eu os culpei pelos motivos habituais, como 'eles não me escutam porque sou mulher'. Mas enquanto eu mantive aquele ponto de vista, nada mudou. Então, mudei minha estratégia. Nas reuniões eu observava o vice-presidente que tinha maior poder. Eu o respeitava muito, além disso ele tinha a atenção do presidente. Quando passei simplesmente a observá-lo, em vez de invejá-lo, aprendi muitas coisas importantes. Primeiro, ele apresentava suas idéias resumidamente, oferecendo detalhes comprobatórios somente quando solicitado. Ele não apresentava uma lista de dados, como eu fazia. Segundo, quando encontrava resistência ele não argumentava com as outras pessoas. Em vez disso, ele as crivava de perguntas! Em outras palavras, ele estava realmente interessado em entender as preocupações delas. O que acontecia freqüentemente era que as pessoas exteriorizavam suas preocupações enquanto ele ouvia atentamente seus pontos de vista. Olhando para trás, estou consciente de que minha carreira deu a grande virada quando eu parei de cultivar os 'porques' e comecei a procurar pessoas com quem eu pudesse realmente aprender em lugar de invejá-las".

Os líderes visionários põem todos os "porques" sob o microscópio, especialmente aqueles com os quais todos concordam. Não raro, os maiores avanços acontecem quando se descobre o "porque" que é a base da maioria dos problemas "insolúveis".

Se você sempre fez as coisas da mesma maneira, provavelmente é a maneira errada.
— Charles Kettering

A ZONA DE COMPLACÊNCIA

Os Empresários Místicos aprendem a trabalhar fora da zona de complacência. Os não-místicos vivem nessa zona e geralmente morrem aí. Sua zona de complacência é aquela porção de pensamentos, sentimentos, crenças e convicções destinada a impedi-lo de ficar embaraçado. A maioria de nós tem a sua, quer estejamos entusiasmados com o sucesso ou arruinados e abatidos. É digna de nossa cuidadosa atenção porque essa zona matou mais boas visões do que o fez um milhão de críticos.

Muitas pessoas pensam que seu desconforto é todo o motivo de que precisam para não fazer alguma coisa. Os Empresários Místicos vêem o desconforto de forma completamente diferente: é algo a ser conhecido honestamente, qualquer que seja o caminho escolhido por eles. Uma de nossas clientes empresariais nos telefona de vez em quando para fazer uma consulta sobre algum projeto que esteja desenvolvendo. Freqüentemente, ela começa dizendo: "Tenho encontrado algumas lombadas, aqui, ultimamente, e quero descobrir o que posso fazer para amenizar as coisas". Ela vê os obstáculos como lombadas — uma pequena e ocasional característica da estrada — e diminuindo um pouco a velocidade e sendo cautelosa, ela pode voltar a correr.

A zona de complacência desenvolve uma vida própria dentro de nós. Quando é desafiada, lança vários tipos de sentimentos em nós. Esses sentimentos são cortinas de fumaça, destinados a nos desencorajar a sair da zona.

A primeira cortina de fumaça é o medo. Ligado ao nosso corpo centenas de milhares de anos atrás, o medo nos programa para correr, lutar, desmaiar ou ficar paralisados. É exatamente o que a zona de complacência induziria você a fazer. Você fica com uma ultrajante visão de si mesmo — "eu gostaria de começar meu próprio negócio em vez de trabalhar para o Fred"— e a zona contribui para o medo. Ela quer que você corra dessa visão ou, melhor ainda, que você fique paralisado onde está. Nossa zona de complacência acha que a segurança vem do ato de correr ou de ficar paralisado. Quando estamos com medo, o mundo todo parece diferente.

Quando estamos com medo, tudo sussurra.
— Sófocles

Ao sonhar com um grande futuro para nós mesmos, também invocamos seus medos. Precisamos encará-los firmemente se estamos objetivando um futuro melhor. Mesmo uma pergunta aparentemente direta — "Como Fred e eu conseguiremos financiamento?" — pode ter suas raízes num medo muito mais elementar: velhice, morte, pobreza, redução de capacidade, criticismo, perda de amor, saúde comprometida. Se não tivermos lidado com tais medos, nossa capacidade de ver o futuro ficará comprometida. Esse ato de desviar nossos olhos, mesmo ligeiramente, vai nos afastar do nível de familiaridade com o futuro que é necessário para que construamos nossa casa lá.

A segunda cortina de fumaça é a culpa. Você faz um movimento que o tira da zona de complacência e começa a ouvir vozes tais como:
"Quem você pensa que é?"
"Se você for bem-sucedido, vai ultrapassar seu pai."
"Se você for bem-sucedido, ninguém gostará de você. O sucesso traz solidão."

A culpa é na verdade baseada na raiva que lhe foi dirigida há muito tempo, pelo fato de você ser talentoso. É o ônus que o jovem talentoso carrega para a idade adulta. Há muito, muito tempo, alguém — geralmente o pai, a mãe ou um irmão — incutiu essas idéias negativas em sua cabeça. Esse ato foi tão sutil e bem-sucedido que você agora pensa que esses pensamentos são seus. Não são, a não ser pelo fato de você tê-los interiorizado e deixado que ficassem retinindo em sua cabeça. Está na hora de respirar fundo e liberá-los.

A terceira cortina de fumaça é uma sensação persistente de nosso próprio desmerecimento. Se você tiver uma lembrança de infância desse tipo — e a maioria de nós tem — a zona de complacência vai localizá-la e usá-la para mantê-lo preso na zona. Pelo menos uns doze Empresários Místicos de alto nível nos contaram que eles são tomados por um profundo senso de desmerecimento justamente antes de proferirem uma grande e nova visão e justamente depois de saborearem um grande sucesso. E não é difícil saber por quê: Eles estão atuando fora de sua zona de complacência.

Embora a zona de complacência pareça trabalhar contra nós, não vamos fazer dela um inimigo. Agir em associação com a zona de complacência pode ser a manobra de salvação. Para isso, vamos primeiro reconhecer que somos fortemente atraídos para o que é familiar e previsível. É prudente e seguro, e isso não seria bom, para variar? Há uma parte de nós que busca o conforto, puro e simples. Aceite e ame essa sua parte, exatamente como ela é. Mas nós também precisamos respeitar aquela nossa parte que quer correr riscos. A maioria das pessoas criativas tem uma forte energia que desafia a zona de complacência. É o impulso para explorar o desconhecido, para criar algo inédito e para pairar nas alturas, onde o ar é rarefeito e onde sopram as grandes brisas.

O verdadeiro problema com relação à zona de complacência é que ela se expande muito rapidamente, e isso ocorre cada vez que tomamos uma decisão que sacrifica uma visão ousada em favor do conforto. A menos que sejamos muito cautelosos, em breve a zona de complacência terá tomado nosso espaço habitável. Nós nos abrigamos na zona algumas vezes para evitar os negócios arriscados da vida, e um dia acordamos e descobrimos que não conseguimos sair dela.

Mas a zona também pode se contrair num piscar de olhos. Tudo o que você precisa fazer é tomar algumas decisões fora da zona e — pronto! — você é um artista. Não é mais escravo das seduções da zona de complacência e está livre para formar visões que não são contaminadas por ela.

O QUE EU QUERO?

A visão começa a partir da resposta a uma pergunta bem simples: O que eu realmente quero? ou O que eu mais quero para essa empresa? Um dia, a resposta pode ser uma nova qualidade de interação pessoal no escritório. No dia seguinte, você pode ter uma resposta completamente diferente, que resulta no lançamento de uma nova linha de produtos. Os Empresários Místicos vivem nessa pergunta, formulando-a com tanta freqüência — mesmo inconscientemente — que a presença deles inspira os outros a fazerem o mesmo.

O primeiro passo indispensável para conseguir o que você quer da vida é o seguinte: Decida o que você quer.

— BEN STEIN

Perguntas desta natureza — O que eu mais quero para esta empresa? — são poderosamente transformadoras. Quando você as formula com intenção real de descobrir a resposta, você obtém informações completamente novas da sua mente criativa. Mas mesmo quando não ocorre nada, ainda assim você está fazendo algo importante. Você está assumindo total responsabilidade pela direção criativa da empresa; está se tornando uma fonte de criatividade.

Um místico lembra um momento emocionante na evolução de sua profissão: "Passei muito tempo como carro-chefe da criatividade dentro da empresa, tentando influenciar as pessoas a pensarem de maneira criativa para melhorar suas próprias áreas. Um momento fez isso valer a pena. Eu estava passando pela sala de correspondências e assomei à porta para cumprimentar o pessoal. Uma funcionária, de salário mínimo e meio período, estava escrevendo um memorando para sua supervisora. Nele ela propunha três mudanças na rotina da sala de correspondências. Quando eu perguntei a ela de onde tinha tirado essas idéias, ela lembrou a pergunta que eu tinha pedido que todos afixassem no quatro de avisos de cada departamento: O que você mais quer para esta empresa? Ela disse que tinha ido para a cama, na noite anterior, pensando na pergunta e, quando acordou, as três idéias estavam fluindo em sua mente".

Kate organizou um seminário de formação de equipe para um executivo *high-tech* é para as oito pessoas que se reportavam diretamente a ele. Uma das atividades pedia que cada um fizesse um retrato de si mesmo, acrescentando algum detalhe que representasse quem eles eram na essência. Dois dos gerentes eram homens dos seus 50 anos que mal conheciam um ao outro, no entanto fizeram retratos quase idênticos. Os dois se desenharam trabalhando com pessoas mais velhas, num lugar de assistência a idosos. Isso representava a essência da plenitude de coração que para eles era importante expressar. Claro, eles e toda a equipe ficaram estarrecidos com o fato de terem tido uma mesma visão; isso, na verdade, aproximou mais a equipe. O mais importante, porém, foi que o vínculo entre esses dois homens aumentou com muitos resultados recompensadores. Eles começaram a se encontrar a meio-caminho do edifício de um e outro, primeiro para aprofundar a amizade e, por fim, para encontrar meios de expressar essa paixão em seu trabalho. Eles também sugeriram um projeto especial que lhes permitiria familiarizarem-se com as realidades da assistência aos idosos.

Onde quer que você esteja na hierarquia da empresa, você está na posição perfeita para olhar à sua volta e descobrir o que quer, para si mesmo e para o grupo. Freqüentemente bastam alguns segundos para que surja uma resposta. Então, expanda seus horizontes perguntando a outras pessoas: O que você mais quer? Muitos nunca ouviram essa pergunta; formulá-la poderia mudar a vida de alguém para melhor.

Ao acreditar apaixonadamente em alguma coisa que ainda não existe, nós a criamos. A não-existência é tudo aquilo que não desejamos com força suficiente.

— NIKOS KAZANTZAKIS

COMO DESENVOLVER UMA VISÃO ILIMITADA

E se não houvesse limites para criar? E se você pudesse criar com os poderes que já possui? Na verdade, as coisas parecem funcionar assim mesmo. Até uns cem anos atrás, não havia coisas como sapatos para os pés direito e esquerdo. Mesmo que o sapato não calçasse bem, era preciso usá-lo do mesmo jeito. No início, houve até resistência à idéia de mudança. Por que se preocupar com isso? Os sapatos estão bem como são! Mas alguém teve visão: maquinou a idéia em sua cabeça e a transformou numa realidade física. Hoje, aproximadamente dez bilhões de pés passeiam com uma idéia que ninguém tinha achado que valia a pena ter antes do século passado.

Os místicos sabem que não podem ter tudo o que querem: porque não há tempo suficiente para manifestar e usufruir tudo o que querem.

Por isso eles são cuidadosos em escolher carências profundamente desejadas. Faz parte da maturidade, tanto no lado espiritual quanto no profissional, perceber que você não pode ter tudo, mas que se você escolher cuidadosamente, você pode ter qualquer coisa que queira.

"Uma pessoa não pode acreditar em coisas impossíveis." "Eu diria que você não teve muita prática", tornou a Rainha. "Quando tinha a sua idade, eu sempre fazia isso meia hora por dia. Ora, eu cheguei a acreditar em até seis coisas impossíveis antes do café da manhã."

— Lewis Carroll

No nível empresarial, essa idéia se aplica perfeitamente. Em nossas viagens de consultoria, vimos que as empresas bem-sucedidas estão fazendo um grande trabalho de depuração e ajuste de foco. Elas estão selecionando os estudos demográficos de seus clientes muito cautelosamente e estão ouvindo — de verdade — o que as pessoas querem e precisam. Os dias do dinossauro empresarial estão contados; as grandes empresas não raro são difíceis de manejar e não conseguem reagir rapidamente às mudanças. O mesmo problema ocorre com as pessoas. Se não ajustarmos nosso foco para escolher cuidadosamente o que queremos, não poderemos concentrar a energia, como um raio *laser*, conforme exigem os dias de hoje.

São dois segredos em um: escolha e foco. Você tem o poder de decisão com relação às suas carências. A palavra *decidir* vem do latim e significa "eliminar", como em eliminar as outras alternativas. Feito isso, sua tarefa passa a ser concentrar-se em seu objetivo até conseguir o resultado desejado.

SAIA DOS LIMITES

Os Empresários Místicos tomam o cuidado de ter visões que sejam suficientemente grandiosas para mantê-los inspirados. Seus objetivos deveriam ser sempre abrangentes, aqueles para os quais não há estratégia preestabelecida. Se você está sempre dentro dos limites das possibilidades conhecidas, você não dá à sua imaginação a abrangência de que necessita todos os dias para continuar florescendo.

Faça sempre aquilo que acha que não consegue fazer.
— Eleanor Roosevelt

Os místicos têm a capacidade aguçada de estar no presente e no futuro ao mesmo tempo. Paradoxalmente, a habilidade de relaxar no presente revela um poder maior para imaginar o futuro. Algumas pessoas vivenciam a dor ou o desespero quando há um intervalo entre o lugar onde elas estão e onde querem estar. O místico aprendeu a relaxar no intervalo, a manter calmamente o objetivo, ainda que com um propósito determinado. Os Empresários Místicos sabem que o sucesso só é possível quando se está inteiramente presente — estando lá, não importa onde. Eles se concentram totalmente em própria atenção errante, trazendo-a de volta ao presente. Ao fazer isso repetidas vezes, eles aprendem a relaxar no intervalo. Se seus objetivos são suficientemente grandiosos, sempre haverá um intervalo. Desfrute-o.

Dê um ou dois passos para além dos limites. Qual poderia ser o futuro positivo mais irracional que você pode imaginar para si mesmo? Para sua empresa?

No dia seguinte, pense em seis coisas impossíveis antes do café da manhã.

Estou procurando muitos homens que tenham capacidade infinita de não saber o que não pode ser feito.
— Henry Ford

COMO LIDAR COM ASSASSINOS DE IDÉIAS

A verdade é: quanto melhor a idéia, provavelmente maior resistência ela vai provocar. A melhor estratégia é antecipar a resistência e tentar trazê-la à tona à primeira manifestação. Enquanto uma grande parte da resistência é baseada no medo de mudança, uma pequena parte dela vai encerrar um *feedback* valioso. Os visionários que recuam diante dos conflitos, não raro tentam manter oculta a resistência, para mais tarde descobrir que acabará vindo à superfície disfarçadamente. Se possível, encare de frente todas as preocupações, o ridículo, as desculpas e os medos. Forneça contra-argumentos para esses problemas e prepare-se para enfrentar ainda maior resistência. Um mundo melhor haverá de ter menos pessoas obstinadas, mas enquanto isso os visionários precisam cultivar sua capacidade de lidar com a resistência a novas idéias. Se sua reação é ficar completamente bloqueado, agradeça aos seus colegas por suas opiniões e pergunte se estariam dispostos a ouvir uma versão aprimorada, no futuro. Eles certamente vão dizer que sim para ajudá-lo a salvar sua pele; mas vão ficar surpresos quando você voltar em um mês, se tanto, com o plano reformulado.

Como seria fácil se a única resistência que tivéssemos de enfrentar fosse a exterior. O problema real, no entanto, reside dentro de nós. A fonte de grande parte da resistência que nos paralisa vem do crédito que damos a nossas próprias limitações.

Conhecemos o inimigo, e o inimigo somos nós.
— Walt Kelly

Os obstáculos inflexíveis que encontramos fora de nós deviam ser encarados como guias que apontam para nossa própria resistência interior. O Empresário Místico vê a resistência como uma parte amigável de nós mesmos que está tentando chamar a atenção para os riscos e aprimorar nossas habilidades de comunicação. Ao aguçar essas habilidades podemos lidar com pessoas as mais diferentes. Se virmos a resistência como "exterior", ela nos aprisiona em um modelo do tipo nós contra elas, que pode ser muito destrutivo.

O que é importante ressaltar é a necessidade de uma perseverança esclarecida para trazer alguma mudança ao mundo empresarial. Os visionários devem aprender a contar com a resistência, tanto interior quanto exterior, e controlá-las, em vez de deixar que elas os esmaguem. Sua paixão e dedicação têm de ser maiores do que o apego das outras pessoas ao modo como as coisas são, ao seu medo de mudar e de perder o controle.

VISÃO DO FUTURO

Os Empresários Místicos têm a capacidade de se projetar no futuro e olhar à sua volta, e então, usar o poder desse futuro imaginado para impulsionar a si mesmos e a suas empresas nessa direção. A maioria das pessoas, presas, sem saber, a seu condicionamento, fixa-se no passado, o que resulta na criação de um presente limitado e uma visão muito estreita do futuro. Se você está preso no passado, pode se ressentir do presente e tentar sabotar aqueles que estão comprometidos com o futuro.

A diferença entre a Motorola e a AT&T é que mostramos pessoas carregando o telefone por toda a parte, e não simplesmente falando ao telefone do carro.

— BOB GALVIN

Se você quer se tornar um Empresário Místico, fixe-se no futuro e olhe em direção ao presente. Instale-se completamente no futuro e sinta o bem-estar de ver o mundo dessa perspectiva. Não é importante que você tenha uma visão detalhada do futuro, mas é crucial fincar um pé lá, de forma que o outro pé seja motivado a segui-lo.

*A imaginação é mais importante
do que o conhecimento.*
—Albert Einstein

John F. Kennedy gostava de contar a história dos meninos da Irlanda que, quando deparavam com uma cerca alta e ficavam com medo de subir, primeiro atiravam seu boné para o outro lado, assim tinham de ir buscá-los. Atire seu boné para o futuro e você será inspirado a fazer tudo o que puder para apanhá-lo.

Outra motivação para se tornar habilidoso em visão do futuro é que assim você não sabotará o sucesso quando ele começar a acontecer. Se você penetra no futuro e o experimenta, seu corpo e sua mente têm uma oportunidade de sentir-se bem ali. Quando você se familiarizar com um futuro positivo, dificilmente se enganará quando ele se manifestar. Todos nós somos condicionados a ter medo do desconhecido e mesmo um desconhecido positivo pode nos confundir. A visão do futuro permite que você se estabeleça com segurança num futuro positivo imaginado.

Portanto, em sua imaginação, situe-se no melhor futuro que você puder idealizar. Avance cinco anos. O que você está fazendo? Com que se parece a sua empresa? Do futuro, olhe para o dia de hoje. O que você fez para conseguir um futuro tão positivo?

*O que você tentaria fazer se soubesse
que não iria falhar?*
— Robert Schuller

3

Intuição:
LIDERANÇA AO SUSCITAR O PLENO POTENCIAL

As pessoas com alto nível de autodomínio não têm a intenção de integrar razão e intuição. Elas atingem essa condição naturalmente — como um subproduto de seu compromisso de usar todos os recursos à sua disposição. Elas não têm condição de escolher entre razão e intuição ou cabeça e coração, assim como não escolheriam andar com uma perna ou ver com um olho só.

— Peter Senge

Alguns chamam isso de "sensação de coragem", enquanto outros falam de um "lampejo" intuitivo. O dicionário diz que *intuir* é "direcionar o conhecimento de alguma coisa sem o uso consciente do raciocínio". É o que você poderia usar para:

- Tomar uma decisão pessoal.
- Perceber onde estão os problemas num determinado projeto.
- Saber o momento certo para investir.
- Propor um novo mercado para um produto existente.

A intuição é um dom natural, algo a que todos nós temos acesso. É também um talento, algo que podemos aprimorar com a prática. A intuição é importante porque é um sinal claro de que você está se conectando com seu sistema de liderança espiritual interior. A intuição é um sinal direto do seu "eu" mais profundo de que você está navegando a partir de seu centro verdadeiro. Quando sua intuição não está funcionando é sinal de que você precisa reavivar sua ligação com seu eu profundo. Como disse um arcebispo de Canterbury uma vez: "Quando eu rezo, acontecem milagres. Quando eu não rezo, eles não acontecem". O mesmo vale para a intuição. Quando ela está presente, você pode estar certo de que, de alguma maneira, realizou a necessária ligação com sua própria alma. Quando ela está ausente, é hora de passar algum tempo meditando, junto a uma cachoeira ou em seu escritório com a porta fechada.

A intuição é uma área de domínio dos Empresários Místicos. Como líderes, eles devem estar em contato tanto com os aspectos intuitivos quanto com os aspectos lógicos de si mesmos. Quando não há ligação entre coração e alma, nada vai preencher essa brecha. Como disse uma vez o padre Theodore Hesburgh, ex-presidente da Notre Dame, a respeito de líderes: "Você não pode soprar uma trombeta qualquer". A combinação de intuição e lógica dá ao líder empresarial um caráter de unidade, que o torna apto a liderar.

O líder que cria uma visão suficientemente compulsiva para motivar os colegas a performances superiores deve ter a mente intuitiva.

— JOHN NAISBITT E PATRICIA ABURDENE

A integridade e a visão são precursoras do uso total da intuição, e esta funciona melhor quando você faz valer sua integridade. Quando você não age com integridade, o tumulto advindo de todas as suas imperfeições tende a desligar os sinais sutis da intuição. A intuição também funciona melhor quando você sabe para onde está indo. A visão é um grande liberador de intuição. As digressões criativas aparecem, na maioria das vezes, de forma positiva na trajetória das pessoas que já estão a caminho de algum lugar importante. Como Louis Pasteur dizia, "O acaso favorece a mente preparada". Recordando Pasteur, um de nossos Empresários Místicos disse: "A intuição favorece a mente aberta, tranqüila". A integridade ajuda a tranqüilizar a mente, ao eliminar o tumulto causado pela falsidade e quebra de acordos. A visão clareia a mente ao lhe proporcionar um foco e uma direção.

A intuição não é algo que você possa aprender num livro; você precisa praticá-la com freqüência, empírica e experimentalmente. Mesmo nossas melhores informações a respeito de intuição não vão torná-lo, em última análise, mais intuitivo. A única coisa que pode ajudá-lo nisso é passar mais tempo nos vastos espaços de sua mente. A última parte do livro — "O Místico Disciplinado"— inclui um método seguro de abertura para a intuição, testado milhares de vezes. Nós o incentivamos a ler com atenção esses exercícios depois de dominar as informações deste capítulo e conceder-se muito tempo de prática para se familiarizar com o método.

Nenhuma das idéias deste capítulo é teórica; elas partem da experiência de pessoas reais que as usam no calor da ação. Tenha em mente, no entanto, que a intuição não é uma ciência exata para a maioria desses profissionais. Selecione o que o atrai, teste-o experimentalmente e sinta-se livre para modificar e rejeitar qualquer coisa que não funcione para você. No mínimo você vai vivenciar a satisfação de abrir-se para uma esfera freqüentemente misteriosa de seu próprio aprendizado.

A mente intuitiva dirá à mente racional para onde olhar.
— Dr. Jonas Salk

INTUIÇÃO + LÓGICA: A FÓRMULA DE SUCESSO DO EMPRESÁRIO MÍSTICO

Concordamos com Pasteur que o acaso favorece a mente preparada; não estamos, pois, sugerindo que se despreze a lógica e se faça tudo impensadamente. Mas a lógica é somente parte de nossas capacidades mentais; uma vez que temos intuição, por que não aprender a usá-la? O grande valor da intuição é que ela nos auxilia a encontrar soluções que não podem ser vistas à luz clara da lógica. É uma forma de penetrar as vastas riquezas do desconhecido. Se a lógica é o Sol, a intuição é a Lua. Os dois podem ser apreciados por um líder ponderado.

Muitos líderes empresariais que conhecemos mantêm profissionalmente uma relação harmônica entre a intuição e a lógica. Quando lhes perguntamos como conseguem isso, alguns deles dizem que sempre foi assim, que suas estratégias racionais não mudaram desde a infância. Outros nos contam que eles tiveram de firmar um compromisso consciente para usar o máximo de si mesmos. Em muitos casos, o desequilíbrio estava originariamente na direção da lógica. Eles receberam o *feedback* de que estavam muito voltados para os dados objetivos e tomaram a decisão de se abrir mais para suas capacidades intuitivas. Em alguns casos, pessoas altamente intuitivas tiveram de se equilibrar no sentido de explorar mais suas capacidades lógicas e racionais.

A REFLEXÃO CRIATIVA É A SUA ATIVIDADE PROFISSIONAL DIÁRIA MAIS IMPORTANTE

Como coloca um Empresário Místico: "Se eu dedico vinte minutos do meu tempo para a reflexão criativa, meu dia decorre tranqüilamente. Se fico 'muito ocupado' e me esqueço de usar esses vinte minutos mágicos, com freqüência as coisas parecem ligeiramente perturbadas o dia todo. Aprendi a observar quando estou me desviando de meu curso. Aí então é hora de ir para o meu escritório, fechar a porta e olhar pela janela por alguns instantes".

Alguns dos místicos que entrevistamos para este livro usavam dez minutos, outros, meia hora. Alguns olhavam pela janela, enquanto outros fechavam os olhos e entoavam um mantra. Mas quase todos tinham um modo de estabelecer um tempo de reflexão criativa em seu dia. Eles se referiam a seu tempo de reflexão de diferentes formas:

"Integração"
"Digerir dados"
"Recarregar as baterias"
"Acessar a zona criativa"
"Descansar e vagar"

Mas todos eles estavam falando de um processo semelhante: o de entrar em si mesmos e reconhecer seus próprios recursos. Um gerente coloca isso claramente: "A maior parte das pessoas de negócios não se atrapalharia tanto se usasse uns poucos minutos para pensar. Simplesmente feche a porta e não faça nada por alguns instantes. Um excesso de trabalho pouco produtivo, que atravanca o dia de negócios, é apenas um sintoma de não se ter explorado a contento a reflexão criativa".

É preciso disciplina para reservar um tempo de seu dia para essa atividade criativa, e uma disciplina ainda mais feroz para proteger esse tempo das demandas sempre presentes sobre ele. Aqueles que fizerem isso vão ter grandes recompensas, tanto no que se refere ao aumento de produtividade, quanto à sensação de trabalhar melhor proveniente de seu íntimo.

O que vale realmente é a intuição.
— ALBERT EINSTEIN

COMO ATINGIR UM MAIOR NÍVEL DE SUCESSO INTUITIVO

Sua intuição vai melhorar à medida que você conseguir se libertar de suas crenças, opiniões e preconceitos sobre tudo o que o cerca. Pense nos preconceitos como um ruído que você escuta, em vez do sinal claro de uma possibilidade maior. Talvez você perceba que suas intuições são muito claras numa área de sua vida, mas muito insignificantes em outra. Um místico explica isso da seguinte maneira: "Meus sucessos estavam muito ligados ao trabalho, mas no âmbito dos relacionamentos, eu parecia ter pouca ou nenhuma habilidade intuitiva. Quando estudei esse problema, vi que tinha muito mais dificuldade nos relacionamentos do que no trabalho. No âmbito profissional eu podia olhar imparcialmente para uma situação e dizer: 'Isto é assim', mas nos relacionamentos, minha cabeça estava sempre cheia de expectativas e idéias preconcebidas para poder ver claramente".

Se você quer ter mais sucesso, comece estudando a si mesmo.

Observe como sua intuição se comunica com você. A intuição parece se manifestar por três canais: verbal, fotográfico e corporal. Em geral recebe-se melhor por um canal que pelos demais, o que ajuda a descobrir qual é seu canal mais propício. Por exemplo, pense numa pergunta do tipo: "Onde você quer estar daqui a cinco anos?" Uma resposta do canal verbal para essa pergunta poderia ser uma frase que passa pela sua mente como um raio: "Quero ser diretor financeiro". Uma resposta do canal fotográfico poderia ser uma imagem de si mesmo sentado num escritório particular. O canal corporal poderia ser uma sensação agradável, quente, em seu abdômen, com o significado de: a sensação do sucesso.

Não há um canal melhor do que o outro; todos têm a mesma origem — a capacidade intuitiva com que todos parecemos ter nascido. Você só precisa descobrir qual é o seu canal forte.

Ao ajudar muitos milhares de pessoas a melhorar sua intuição, observamos que a maioria capta suas intuições na forma de fotografias e de sensações físicas, e mais raramente pelo canal verbal. Entretanto, não há duas pessoas iguais, e você tem de fazer uma pesquisa dentro de si mesmo para se descobrir. Verifique isso agora mesmo: use dez segundos para se imaginar no momento de maior sucesso de sua carreira. Quando você se imagina dessa forma, você vê uma imagem em sua mente ou tem uma sensação em seu corpo? Você vê ou ouve algumas palavras? Agora vá a um nível mais requintado de detalhes. Se você viu uma imagem, onde se passou? Se teve uma sensação física, onde se deu? Se escutou ou viu palavras, de onde elas pareceram surgir? Eis a descrição de uma pessoa altamente intuitiva: "Minhas intuições mais precisas parecem se dar aproximadamente numa área de seis milímetros a um centímetro e vinte milímetros à direita da região entre os olhos. Aquelas que não são precisas parecem vir da parte posterior e à esquerda desse local". Ao concentrar a atenção na localização física de sua intuição, você tem uma idéia mais clara de onde buscar a melhor informação.

Depois de se familiarizar com seus padrões interiores, comece a praticar nos acontecimentos do dia-a-dia. Em nossos treinamentos de Integridade/Visão, realizamos exercícios para aguçar a intuição com experimentos da vida real que nos dão um *feedback* imediato. Por exemplo, nos sintonizamos com mudanças meteorológicas e flutuações no preço do ouro, café e outras *commodities* cujos preços oscilam muito. Freqüentemente, no final do treinamento, as pessoas estão prevendo chuva, sol e flutuação de preços com perfeita exatidão.

Kate fez uso da intuição desde o início de sua carreira, e entrevistou muitos Empresários Místicos para aprender os segredos deles: "Sempre fui fascinada pela capacidade de ver o futuro com precisão. Por volta de 1981 eu tinha começado a fazer tudo o que podia para aumentar minha intuição, então decidi organizar algumas práticas e experimentos pessoais que me ajudariam nesse aprendizado.

"No início dos anos 80, meu escritório estava localizado num velho e magnífico edifício em San Francisco. Eu ficava no segundo andar, enquanto muitos dos gerentes com quem eu trabalhava ficavam no oitavo andar. Isso significa que eu gastava muito tempo esperando em frente a uma fileira de seis elevadores. Para otimizar esse tempo, comecei a olhar para dentro de mim, para deixar que minha intuição indicasse diante de qual elevador eu deveria ficar. A princípio, eu acertava em 50% das vezes, mas depois de vários meses, a cada dez ocorrências, meus palpites se confirmavam em nove. Isso me permitiu saber que a intuição era algo que podia ser aprendido, aguçado e aprimorado experimentalmente. Uma semana consegui acertar vinte vezes sem um único erro.

"À medida que minha intuição se tornava mais forte, eu reforçava minha confiança nela. Embora nunca tivesse havido uma dispensa de funcionários nessa empresa, e o superintendente tivesse repetido publicamente que não haveria, minha intuição me dizia outra coisa. Comecei espontaneamente a pensar em como se poderia lidar habilmente com uma dispensa de funcionários e a desenvolver idéias relacionadas com uma implementação desse programa. Aparentemente essas especulações eram totalmente aleatórias. Contudo, um dia eu tive o palpite de não sair para almoçar, mas de ficar em minha escrivaninha. Inesperadamente, o superintendente entrou em minha sala, o que ele raramente fazia, e me disse que seria necessário dispensar 40% dos funcionários. Ele me perguntou se eu tinha idéia da melhor forma de proceder nesse caso! Sem pestanejar, entreguei-lhe um plano completo, com diagramas de acompanhamento organizacional. Não é preciso dizer que meu conceito subiu muito na empresa."

TORNANDO-SE MAIOR QUE O PROBLEMA

Quando Bob Marshall assumiu como superintendente na Silicon Optics, logo no primeiro mês teve de enfrentar uma crise. Praticamente o primeiro papel que chegou a suas mãos foi um relatório dizendo que um novo e importante produto, para cujo acompanhamento no mercado ele tinha sido contratado, não estava funcionando a contento e ninguém sabia como resolver o impasse.

Bob recorda: "No início fiquei meio zonzo. Aquela era uma das piores notícias que eu poderia receber. Por sorte eu não tinha tido que deslocar novamente minha família, assim, eu tinha a liberdade de tratar o assunto meramente como um problema profissional. Mas o que eu deveria fazer? Sair? Ficar? Chamar alguns consultores? Como eu tinha tido treinamento para o uso da intuição na empresa em que eu tinha trabalhado, fechei a porta e pedi que suspendessem meus telefonemas por uma hora. Na verdade, nem precisei de uma hora.

"Pus os pés para cima e tentei relaxar. Por alguns minutos eu simplesmente fechei os olhos e me deixei invadir por todas as emoções que fluíam pelo meu corpo. Fiz tudo para não resistir a elas ou censurá-las. Raiva da diretoria... medo de que tivessem mentido para mim... medo de que minha carreira estivesse para afundar... medo de não ser capaz de superar a situação... receio do que minha esposa pensaria quando eu lhe dissesse que corria o risco de ser demitido... Depois de alguns minutos, minha mente e meu corpo se acalmaram, e eu comecei a contar minhas inspirações até ficar bem tranqüilo interiormente.

"Quando cheguei ao lugar tranqüilo dentro de mim mesmo, fiz uma pergunta bem simples: Qual era a melhor atitude a tomar naquele momento? Fiz a pergunta e me aquietei, sem qualquer necessidade de respondê-la. Eu simplesmente fiquei receptivo e deixei que surgissem as imagens. Sou forte no canal visual e vi abrir-se um caminho, como se eu estivesse olhando para o *slide* de um caminho claramente aberto num terreno acidentado. Minha próxima pergunta foi: "Qual é o primeiro passo? Rápido como um relâmpago, apareceu uma informação em minha mente: 'Seja um ouvinte'. Veio pelo canal verbal, uma frase que dizia: 'Ouça a si mesmo e a eles'. À medida que me tornava mais sintonizado, o sentido da mensagem foi ficando mais claro: eu precisava ser absolutamente verdadeiro comigo mesmo e com todos, particularmente com a diretoria. Via em minha mente que se eu me comportasse com retidão, não teria nada a temer.

"Todo o processo levou menos de quinze minutos, e eu saí dele sentindo-me muito bem. Eu ainda tinha as mesmas questões para enfrentar, mas de repente tudo tinha mudado. Agora eu sabia que eu era maior que o problema."

O desfecho foi que Bob se encontrou com a diretoria, manifestou todos os seus sentimentos e ouviu enquanto eles manifestavam os deles. Ele foi para a reunião com um pequeno pedaço de papel, que manteve à sua frente o tempo todo, com os dizeres: "Ouça a si mesmo e aos outros". No final da reunião, a diretoria decidiu arquivar o projeto e reduzir os investimentos, o que significava contratar uma pessoa que aceitasse um salário inferior ao de Bob. Eles lhe fizeram um cheque de cem mil dólares como indenização e ele voltou ao seu trabalho na empresa para a qual tinha trabalhado antes, onde é agora superintendente. Anos depois, ele comentou: "A intuição realmente me salvou o dia. Eu poderia ter me envolvido com a diretoria, enganando-os ou escapando deles ou poderia ter arrastado toda a situação por um ano e enlouquecido. Em vez disso, ao ouvir a mim mesmo e aos outros, ao seguir minha intuição, saí honestamente. O caminho claro se apresentou para me levar de volta para onde eu tinha estado, para minha velha empresa. Além disso, enquanto estive fora eles perceberam quanta falta eu fazia. Acho que não teria me tornado superintendente geral sem aqueles poucos meses na Silicon Optics".

A mente, quando está tranqüila, libera uma intuição extraordinária que pode, então, ser utilizada para idealizar um produto de nova geração ou para compreender o que está motivando os clientes.

— ED MCCRACKEN,
SUPERINTENDENTE DA SILICON GRAPHICS

COMO DESENVOLVER A INTUIÇÃO POSITIVA DAS PESSOAS

Você já observou que algumas pessoas — talvez um gerente, um professor ou um amigo — parecem ser capazes de ler seus pensamentos? De algum modo o radar sensorial deles parece funcionar melhor do que o de outras pessoas. Embora eles sejam talentosos nessa área, sabemos com toda a certeza que essa intuição também pode ser desenvolvida. O verdadeiro problema não está em aprender uma nova habilidade, mas em aprender como não fazer vista grossa ao que você vê o tempo todo. As pessoas são organicamente intuitivas; nós viemos *da fábrica* assim. Na verdade, é preciso esforço para não ser intuitivo.

Eis como aprendemos a deixar de ser intuitivos. Digamos que um dia, no início de sua carreira, você observe que seu chefe parece constrangido quando menciona os números das vendas do mês anterior. Você, em seu entusiasmo inculto, fala sem pensar: "Notei que você ficou constrangido quando falou sobre os números das vendas. O que aconteceu?" Se as pessoas estão receptivas e de bom humor, costumam receber de boa vontade esse tipo de observação e até mesmo agradecem por isso. Mas digamos que seu chefe está furioso por causa do mau desempenho das vendas e decida descontar em você. Ele o arrasa e lhe diz para se preocupar com o seu próprio desempenho, e não com a aparência dele.

Acontecimentos desse tipo são comuns na infância, período em que somos levados ou forçados a fazer vista grossa às coisas que vemos para preservar o *status quo*. Em nossos treinamentos de Integridade/Visão, descobrimos que numa sala com cinquenta pessoas, aproximadamente trinta vão se lembrar de experiências em que foram punidas por alguma intuição, palpite ou observação que eles manifestaram quando criança. Às vezes basta uma única experiência negativa para apagar nosso senso inato de intuição. Felizmente, os seres humanos são conhecidos por sua capacidade de rápida recuperação, assim, é possível superar esses aprendizados negativos e dar à intuição espaço para florescer novamente.

Ed McCracken, da Silicon Graphics, conta uma história notável sobre o poder da intuição das pessoas: "Estávamos em meio a uma negociação complexa de centenas de milhões de dólares. Chegamos a um impasse por causa de uns 75 milhões de dólares, e todos estavam ficando tremendamente frustrados. Finalmente, sugerimos um intervalo e fizemos uma pausa para refletir. Durante a pausa ocorreu-nos que a questão não tinha nada que ver com os aspectos técnicos da transação. Dizia respeito ao relacionamento pessoal, ao fato de gostarmos ou não de nosso cliente. Estávamos tentando nos alongar em mais e mais detalhes, quando, na verdade, tudo não passava de uma questão emocional. Assim, quando voltamos a nos reunir, voltamos nossa atenção para o quanto gostávamos deles e quanto queríamos trabalhar com eles. A transação foi resolvida num curto espaço de tempo".

Gerentes intuitivos têm habilidades especiais que, provavelmente, vão se tornar mais e mais valiosas neste cenário de rápidas mudanças. Às pessoas com sensibilidade para perceber o que o consumidor quer e se está disposto a pagar por isso caberá criar os produtos do futuro.

— WESTON AGOR

COMO CONTRATAR INTUITIVAMENTE

Lou Ann Scardino, vice-presidente de uma empresa de cosméticos, tomou uma decisão pessoal importante, que mais tarde provou ser precisa e altamente vantajosa, usando para isso sua intuição: "Precisávamos de um novo líder para nossa divisão de produtos novos. Entrevistamos algumas pessoas e nos restringimos a duas. Ambas eram altamente qualificadas, mas muito diferentes uma da outra. Larry era eloqüente, vistoso e sedutor, usava terno Armani e abotoaduras. Ele também tinha um contrato com uma outra empresa, então estava claro que ele não era só aparência. Andy, que durante anos trabalhara numa outra divisão em nossa empresa, vestia-se de forma tradicional. Ele parecia ser um Pateta adulto, um tanto ingênuo. Fiz muitas considerações conscientes a respeito de ambos, mas o que finalmente me ajudou foi usar minha intuição.

"Numa tarde de domingo, em casa, peguei um copo de vinho, fui para o quintal e passei alguns minutos ali, abrindo-me para minha intuição, com o objetivo de resolver o problema. Concentrei-me e me fiz a pergunta: 'Qual dos dois seria o melhor para a empresa?' Foi fascinante e de algum modo assustador, porque todas as vezes que eu sintonizava o Larry, recebia sinais de alarme e mal-estar físico, como se sente quando alguém arranha o giz no quadro-negro. Quando sintonizava o Andy, eu me sentia calmo e concentrado, e tinha imagens de que ele seria uma influência serena para a equipe.

"Na segunda-feira tomei a decisão e dei o trabalho a Andy. Ao mesmo tempo ofereci a Larry uma outra posição numa de nossas divisões de *marketing*. Ele assumiu e as coisas andaram bem por aproximadamente dois meses. Então ele se viu envolvido num divórcio difícil e seu desempenho caiu muito. Recebeu um DUI, depois um outro, que resultou na perda de sua licença. Nós o deixamos ir e o colocamos num programa de reabilitação. Desde então, ouvi dizer que ele mudou de profissão e se tornou um conselheiro de drogados e alcoólatras. Andy está se saindo muito bem como líder de equipe. Minha maior tristeza é não ter seguido totalmente minha intuição, o que teria significado não oferecer a Larry nenhum tipo de trabalho. Acho que minha reação a seu charme pessoal perturbou minha capacidade de confiar totalmente em minha intuição".

O MEDO PERTURBA A INTUIÇÃO

A intuição deve ser incentivada. Antes de mais nada, é importante simplesmente descobri-la, de modo que ela possa viver e respirar. Uma vez sintonizada, como dom natural que é, você não tem de conseguir mais nada para se tornar mais intuitivo. Ao contrário, o processo é o de afastar tudo o que bloqueia seu uso e valorização. O medo é o primeiro sentimento a ser eliminado.

O medo provoca planejamento, um verdadeiro assassino da intuição. Sabemos, por exemplo, que centenas de pessoas que se dirigem a um aeroporto, numa determinada manhã, podem ter visões de seu avião colidindo. Quase nunca esses "lampejos" vêm a ser intuições válidas. Essas imagens vêm de seus medos pessoais projetados no avião.

À medida que você trabalhar para aguçar sua intuição, aprenderá a distinguir a voz do medo da voz de sua intuição. Você pode ter um pensamento de não ir a Nova York para atender a um chamado de venda. Esse pensamento provém de um medo de que você não será capaz de realizar a venda? Ou é uma intuição verdadeira de que sua viagem será improdutiva? Só há um modo de descobrir: reconheça seus medos primeiro. Descubra como são e como se apresentam seus pensamentos de medo e aprenda a valorizar a diferença entre eles e os impulsos intuitivos verdadeiros. Isso requer prática.

As pessoas de negócios freqüentemente sofrem de um medo em particular que limita sua criatividade e intuição: o medo de parecer tolo. Vamos encarar isso: todos nós já nos atrapalhamos pelo menos algumas vezes em nossa vida. Isso inculca em nós o medo de parecermos tolos. Qualquer um que tenha passado pelo sistema educacional necessita de treinamento para tentar não parecer tolo.

Para acessar a criatividade e a intuição, precisamos expulsar esse medo, que nos mantém capturados na esfera do previsível. Enquanto somos escravos do medo de parecer ridículos, nossos colegas que venceram esse problema estão projetando um novo equipamento, criando campanhas incríveis e sendo considerados pessoas criativas. É claro que alguns dos projetos e campanhas que propõem, podem parecer estúpidos e resultar totalmente impraticáveis. Quando isso acontece, eles simplesmente respiram fundo e voltam para suas pranchetas.

Os maiores avanços na compreensão humana do universo se realizam por impulsos intuitivos nas fronteiras do conhecimento, não por passos intelectuais ao longo de percursos bem delineados.

— Dr. Andrew Weil

O presidente de uma empresa nos contou: "Quando eu fico emperrado, gosto de folhear os cadernos de anotações de Leonardo da Vinci. Muitos de seus desenhos eram totalmente ridículos e ainda são. Mas algumas de suas invenções eram ridículas somente no contexto de seu tempo. Seus desenhos para o pára-quedas e o helicóptero eram basicamente corretos, embora estivessem adiantados em cinco séculos. O que eu respeito, no entanto, é que o compromisso de Da Vinci com sua criatividade era maior do que seu medo de parecer estúpido. Ele estava disposto a brincar com sua criatividade, sinal certo de um grande gênio".

Para chegar à zona da intuição, muitas pessoas têm de passar pelo portal de um outro medo: o de estar louco. Algumas pessoas têm medo de abrir-se para o desconhecido em si mesmas, medo de que alguns monstros estejam adormecidos dentro delas. Alguns de nós cresceram cercados de pessoas cuja intuição acabou misturada com atos irracionais, de tal forma que mais tarde resistimos à intuição porque temíamos nossa própria voz interior. Os autores deste livro tiveram membros da família ou conhecidos que se encaixavam nesta categoria. Gay: "Quando minha avó paterna resvalou para a demência senil, suas capacidades telepáticas aumentaram na proporção direta de suas fantasias paranóicas. Às vezes, ela tinha um grande impulso intuitivo e previa a chegada de uma carta de um parente distante. Essas intuições aguçadas se mesclavam com outras extremamente loucas, como sua convicção de que minha mãe estava tendo um caso com Franklin Delano Roosevelt. Acho que isso provocou um medo da intuição na família toda". Kate: "Eu tinha um vizinho que foi lobotomizado quando eu era pequena e aquilo me assustou por não saber o que poderia acontecer se eu me abrisse para minhas vozes interiores. Além disso, os livros infantis estavam repletos de arquétipos de bruxas, o que não inspirava as meninas a incentivarem seus poderes mágicos".

Se você deparar com algum desses medos, entenda que eles são normais e naturais. Muitas pessoas tiveram de superá-los para desenvolver adequadamente sua intuição.

Da mesma forma que pular na água pela primeira vez pode ser assustador, o mesmo pode acontecer quando se trata de dar um pulo no vasto oceano de seus poderes intuitivos. Quando você se familiarizar com ele, poderá ter alguns prazeres reais e muito úteis.

COMO REMOVER O CRÍTICO INTERIOR

A maioria de nós quando adultos já adquiriu um crítico e um severo juiz interior. Esses controladores de marionetes mentais nos mantêm indiferentes ou extremamente rigorosos contra nossa própria vontade. Há somente uma forma de termos adquirido esse juiz e esse crítico interiores: alguém nos disse que havia algo fundamentalmente errado conosco. Ou porque éramos da cor errada, ou do sexo errado, ou da classe socioeconômica errada. Mesmo que você tenha superado esse problema, pode haver vestígios desses sentimentos profundamente alojados em suas células. Você pode sentir que reconhecer um erro é o mesmo que reconhecer que há alguma coisa fundamentalmente negativa com você. Ninguém gosta de encarar isso, assim freqüentemente nos defendemos com a necessidade de estar certos o tempo todo.

Em nossas consultorias a executivos, com freqüência vimos surgirem grandes impulsos de liderança quando eles se tornaram capazes de renunciar à necessidade de estar sempre certos. Renunciar à necessidade de estar certo também é crucial para ativar o poder da intuição. A intuição responde mais livremente a uma mente não julgadora, uma mente que diz: "Vou apreender o que vem das minhas profundezas intuitivas, exatamente como vem, e mais tarde vou avaliar, julgar e censurar". Esse é um uso correto da mente que julga e avalia.

A intuição freqüentemente transforma sonhos em fatos demonstráveis.

— BUCKMINSTER FULLER

O QUE TEMEMOS É NOSSO PRÓPRIO PODER

O principal medo humano é o medo do desconhecido. Ele pode limitar seriamente sua capacidade de se abrir para sua intuição. Esse medo nos leva a viver na zona de complacência, onde não moram a criatividade nem a intuição. Enquanto estivermos presos ao medo do desconhecido, seremos incapazes de grandes saltos mentais.

Ao temer o desconhecido, o que realmente tememos são os altos e baixos de nosso próprio poder. Se nos abrirmos e nos ligarmos com a intensa criatividade de nossa mente intuitiva, estaremos ao mesmo tempo nos abrindo para o poder criativo do universo que reside no microcosmo dentro de nós. Essa experiência é forte, tão forte que há uma tendência comum de se evitar o contato com esse potencial criativo. É ilusão pensar que é mais seguro estar na zona do previsível. Seja como for, isso pode ser uma barganha ruim, especialmente se quisermos, de fato, ter sucesso na vida. O momento em que escolhemos ficar na zona previsível é o momento em que assinalamos a morte de nossa condição de indivíduos criativos.

Nós também tememos a grande responsabilidade que acompanha o grande poder. O intuitivo é nossa ligação com nossa capacidade de fazer e refazer o mundo. Podemos ter um lampejo intuitivo de como o átomo é construído, mas com ele vem um senso de responsabilidade pela maneira como esse conhecimento poderia ser usado. Em vez de resistir aos poderes intuitivos e à responsabilidade, o místico abarca os dois.

A INTUIÇÃO É UM FENÔMENO DO INTERVALO

A intuição habita o intervalo entre os pensamentos comuns. A maior parte do tempo nossos pensamentos se acham tão firmemente misturados que parece não haver espaço entre eles. Mas se você observar cuidadosamente, verá que há um espaço aberto entre seus pensamentos e por trás deles. A intuição se dá nesse intervalo.

O intervalo é a esfera de ação do místico. Os místicos se sentem à vontade no intervalo, enquanto os não-místicos sentem medo quando estão aí. Os não-místicos só ficam à vontade no território previsível de seus pensamentos conhecidos. Os místicos não conseguem viver na zona do conhecido por muito tempo sem se sentir anulados. Para encontrar a intuição e fazê-la sua amiga, você precisa adentrar o intervalo.

Os intervalos são essenciais. Os intervalos são o lar do nosso espírito, com suas dimensões tão incrivelmente delimitadas e claras que o espírito pode se descobrir como um homem cego liberto.

— ANNIE DILLARD

Há modos formais de adentrar o intervalo; pela meditação, por exemplo. A Parte Três deste livro contém um método breve e eficaz de se adentrar o intervalo e despertar a intuição. Também há modos informais de acessá-lo. A maneira mais simples é formular uma pergunta e então renunciar à necessidade de ter uma resposta imediata. É uma técnica produtiva; você semeia a pergunta e então a esquece, para receber a surpresa de uma resposta mais tarde.

A título de experiência, faça neste momento uma pergunta que tenha significado para você. Simplesmente formule-a em sua mente e esqueça-a. Se você observar, a pergunta é cercada e envolvida por um amplo espaço. Esse é o intervalo. Simplesmente relaxe e fique à vontade aí. É a zona de conforto do místico: o desconhecido amigável, a zona de todas as possibilidades. De algum lugar no intervalo, quando for o momento, você pode ser surpreendido com uma resposta à sua pergunta.

O CONTROLE RESTRINGE A INTUIÇÃO

Se você quer viver na zona da intuição, em vez de simplesmente visitá-la, cultive a habilidade de abandonar o controle. Para as pessoas de negócios, é difícil ter essa habilidade, elas freqüentemente pensam que chegaram aonde estão pela sua capacidade de controle. Mas para ter o sucesso completo, você tem de controlar o que é controlável e abandonar tudo que está fora de seu controle. Há uma maneira específica de fazer isso.

Imagine que você tenha duas caixas. A caixa 1 tem os dizeres: "Coisas sobre as quais eu não tenho nenhum controle". Na caixa 2 está escrito: "Coisas sobre as quais eu tenho controle absoluto". Os místicos aprendem a designar todos os elementos da vida para a caixa certa e, assim, concentrar toda sua atenção na caixa 2.

A caixa 1 é surpreendentemente grande, e quanto mais você pensa nela, maior ela fica. Entre as coisas que você não pode controlar estão:

• Os sentimentos e as ações das outras pessoas.
• Tudo o que já tenha acontecido — o passado.
• Tudo o que não tenha acontecido ainda — o futuro.

• A maior parte do que acontece dentro de seu próprio corpo. Você não pode controlar as outras pessoas, o passado nem o futuro. Mas e quanto ao último item da lista? Muitos acreditam poder controlar o que acontece dentro de seu corpo. Não pense que pode controlar seu pobre fígado, que a cada minuto está fazendo centenas de coisas, em sua maioria, inomináveis. Pense em controlar seus sentimentos. Imagine que está com medo, exatamente antes de fazer um discurso. Se você tivesse controle sobre seu medo, seria capaz de fazê-lo desaparecer. E todos nós sabemos como funciona bem. É por isso que o místico sensato aconselha: Quando você está sentindo medo (ou raiva ou tristeza), simplesmente reconheça-o, admita a verdade a respeito dele. Tentar controlá-lo é como apertar o meio de uma mangueira de jardim enquanto a água está jorrando.

Ou considere seu peso. Até mesmo o espécime mais perfeito fisicamente não tem controle sobre seu peso. Não acredita? Suba na balança e verifique seu peso. Então, tente fazê-lo subir ou baixar. Conseguiu? Não. Você não tem nenhum controle sobre ele. Mas então sobre o que você tem controle? O que você pode pôr na caixa 2? Você tem controle total sobre o que coloca em sua boca. Tem controle total sobre levantar-se neste exato momento e ir para sua bicicleta ergométrica. O que você pode controlar e o que você não pode: é uma distinção fundamental. O místico se concentra no que pode ser controlado e aceita o resto exatamente como é. Dessa plena aceitação da realidade, exatamente como ela é, vem a possibilidade de escolher fazê-la diferente.

E os relacionamentos com as outras pessoas? É onde nós realmente nos insurgimos contra nossa falta de controle. Quanto mais você tenta, pior fica. Simplesmente pergunte a qualquer ex-déspota. Uma vez Mao fez todos os chineses lerem seu Pequeno Livro Vermelho, para convencer os cidadãos da superioridade do comunismo em relação ao capitalismo; agora o livro é uma novidade encontrada nas lojas de *souvenir* ao longo da Muralha da China. Por todo o país há camisetas com o retrato de Mao que os chineses gostam de trocar por calças *jeans* capitalistas.

Os místicos sabem a diferença entre controle e influência. Se você não consegue controlar outras pessoas, o passado, o futuro ou muito em si mesmo, certamente pode influenciá-los. O controle advém do medo;

a influência é exercida conscientemente com um objetivo e um plano. O controle é produto do desespero; a influência é exercida de modo ponderado. Abandonar o controle é o primeiro passo; ele libera a energia de que você precisa. Há uma estratégia simples, eficaz para lidar com todo o conteúdo da caixa 1, as coisas que você não pode controlar. Encare-as e aceite-as exatamente como são. Muitas pessoas obstruem toda a sua energia resistindo a coisas que não podem mudar. A mesma energia, liberada, é substância que realiza milagres.

A INTUIÇÃO DE TRÊS MILHÕES DE DÓLARES

Kate, que descreve a si mesma como uma pessoa avessa a correr riscos, usava a intuição para lidar com esse seu medo e para iniciar um empreendimento que, desde então, resultou num desfecho impressionante: "Tirei o mês de janeiro de 1991 para descansar e relaxar, como uma recompensa por meu primeiro ano faturando meio milhão de dólares como consultora. Passei a maior parte do tempo com minha filha, no campo. Por um ano eu tinha me divertido com a idéia de criar um *software* para o gerenciamento das tributações pessoais e outros levantamentos. Toda vez que eu pensava nisso, sentia uma agitação no peito que me acontece quando tenho uma intuição de que devo agir com rapidez. O problema era que esses projetos de desenvolvimento são muito caros e eu mesma teria de custeá-los. Além disso, falei com várias empresas para avaliar seu interesse por tributações. Na melhor das hipóteses a reação era moderada, porque ninguém sabia que tais tributações se tornariam comuns alguns anos mais tarde.

"Decidi levar a idéia a Ken Schroeder, presidente da KLA Instruments, que tinha sido meu instrutor e mentor em meados dos anos 80. Ken recomendou entusiasticamente que eu fosse em frente. Mostrei alguma hesitação, argumentando que minha filha estava justamente começando a faculdade e que eu não tinha dinheiro para gastos extraordinários. A despeito do que dizia meu crítico interior, confiei em Ken e confiei em minha própria sensação física de intuição. Mesmo sem apoio de meus clientes potenciais, decidi ir em frente com o projeto. Gastei 20 mil dólares em 1991 no desenvolvimento do produto. Depois de ter comprometido meu dinheiro e meu tempo, a Intel me deu 15 mil dólares ao encomendar o *software* para sua empresa, então, na verdade investi somente 5 mil dólares do meu dinheiro. Até esta data, esse produto já rendeu 3 milhões de dólares. Sou imensamente grata a Ken por ter me ajudado a acreditar no projeto e em minha própria intuição".

Nunca perca sua abençoada curiosidade.
— Albert Einstein

PARTE DOIS

O místico prático: Soluções espirituosas para os problemas profissionais do dia-a-dia

Manifeste austeridade, abrace a simplicidade.

— Lao-Tzu

Nos capítulos que seguem vamos apresentar as soluções que os Empresários Místicos aplicaram a alguns dos problemas profissionais mais comuns que encontramos em nossos 25 anos de consultoria. Todos esses exemplos mostram os místicos em ação, trazendo consigo princípios de integridade, visão e intuição. Em nossas viagens constatamos quatro áreas principais nas quais ocorrem problemas.

A primeira área é o comprometimento. Quando as pessoas não estão comprometidas com o trabalho, a produtividade é em geral muito baixa. As culturas de muitas empresas são culturas de não-comprometimento. Algumas das maiores e mais antigas empresas que visitamos apresentavam forte hierarquia, apatia e sabotagem declarada em ação.

Para modificar completamente essas empresas, foi feito um trabalho radical na área do comprometimento.

A comunicação é a segunda e bastante expressiva área problemática. Embora muitos livros já tenham sido escritos sobre comunicação empresarial, é comum depararmos repetidamente com as mesmas velhas falhas na comunicação, como colocou um de nossos colegas, frustrado, ao final de uma longa reunião: "O nível de comunicação na maioria das empresas compara-se ao existente num colégio. E isso ainda pode ser um elogio para os empresários e um insulto para os alunos". O que se torna necessário é a prática corajosa de certos princípios fundamentais de comunicação, e listaremos mais adiante os princípios que vimos trazer maiores benefícios.

A terceira é a área de gerenciamento de projetos. Em qualquer empreendimento humano dinâmico, pode haver idas e vindas inesperadas. De fato, a vida empresarial é uma experiência diária com o inesperado. É provável que isso se intensifique no século XXI. O que então distinguirá as empresas bem-sucedidas, talvez mais do que qualquer coisa, será a facilidade e até o entusiasmo com que encaram as mudanças e sua segurança em lidar com o inesperado.

A quarta área é a de criação de riquezas. Se é certo que a maioria das pessoas não trabalha apenas por dinheiro, elas raramente trabalham de graça. Na vida empresarial o indivíduo está preocupado com a criação de riquezas para si mesmo e para os outros. Em nosso trabalho de consultoria, tivemos a oportunidade de perguntar a muitos milionários que se fizeram por si mesmos, como eles assumiam a criação de riquezas. Eles confiaram a nós muitas de suas idéias e, se esses princípios são fascinantes por si mesmos, seu valor monetário está em que eles funcionam. Tentamos pessoalmente cada um dos instrumentos descritos nesta seção e nossa riqueza aumentou consideravelmente.

Em nossa era, a estrada para a santidade passa, necessariamente, pelo mundo da ação.
— DAG HAMMARSKJÖLD

4

COMO INSPIRAR O COMPROMETIMENTO

Havia cinco rãs sobre um tronco. Uma delas decidiu pular. Quantas rãs sobraram?
 Cinco. Há uma grande diferença entre decidir pular e pular realmente. O líder inspirador sabe como conseguir comprometimento total, de forma que não sobre nenhuma rã sobre o tronco empresarial. Liderança rã-zero.
 "Comprometer-se" é essencial em todas as áreas da vida: família, lazer, trabalho. Você já tentou disputar um jogo — seja no tênis, nos negócios ou no casamento — com uma pessoa que não queira realmente estar lá? O que destrói o jogo é um elemento da equipe que não queira jogar.
 Um prejuízo de muitos milhões de dólares ilustra o que pode acontecer quando não há comprometimento. Entramos em cena na fase final desse fiasco, na tentativa de conseguir uma fiança, mas era tarde demais. Como o prejuízo para a empresa foi muito grande, nos esforçamos por

refazer, na direção contrária, os vários passos que tinham levado ao colapso financeiro. Eis o que aconteceu.

Uma nova idéia foi proposta dentro de uma das maiores empresas de comunicação dos Estados Unidos. Um funcionário brilhante e inovador tinha idealizado um novo produto de telecomunicações. A rapidez de produção era essencial, pois a mesma tecnologia estava em desenvolvimento em pelo menos duas outras empresas. O lado financeiro da casa prometia um prazo de entrega de dezoito meses para as pessoas que estavam financiando o projeto. Quando os gerentes se dirigiram às pessoas criativas que realmente construiriam o produto e o comercializariam, o prazo de dezoito meses foi recebido com escárnio. "De modo algum", foi o que se disse, basicamente.

Sob essa resistência havia muitas camadas de medo: o medo de perder o emprego, o medo de ficar longe da família algumas noites e fins de semana, o medo de entrar num relacionamento antagônico com a diretoria. Os diretores, no entusiasmo de desenvolver o produto, atropelaram essa resistência dificilmente manejável, fazendo promessas de grandes recompensas se o prazo de entrega fosse cumprido. A resistência caiu por terra. O único erro que pareceu crucial, fazendo-se um retrospecto, foi que os sentimentos de todos os envolvidos nunca foram explicitados. Todos fingiram que cumpririam o prazo de entrega, mas a equipe de planejamento nunca cumpriu com o prometido.

Uma sensação de desconfiança logo permeou o projeto. Todos tinham tanto uma versão pública quanto uma particular de seus sentimentos. O tópico principal das conversas no restaurante da empresa era o Prazo de Entrega. Dias de dezoito horas e semanas de seis dias tornaram-se a regra, com muitas pessoas se reunindo aos domingos à tarde. Finalmente chegou-se a uma situação crítica alguns meses antes do prazo final, na forma de uma explosão emocional entre o líder da equipe de planejamento e o líder do setor financeiro da empresa. Os sentimentos de cada um foram despejados em forma de uma confrontação desordenada que os engenheiros, especialmente, não apreciam. O prazo de entrega passou a ser impraticável, fizeram-se ameaças, três pessoas adoeceram.

Desde então, pairou uma nuvem no ar, que só clareou quando foi estabelecido um novo prazo, estendido para dali a cinco meses. Enquanto isso, a Empresa B lançou, com alguns meses de antecedência, uma versão do mesmo produto e logo dominou o mercado. A Empresa A apresentou seus produtos no novo prazo, mas nesse ínterim toda a energia havia se esgotado.

Tudo isso poderia ter sido evitado. O restante do capítulo mostrará de que forma.

COMO RECONHECER O PROBLEMA MAIS COMUM DE COMPROMETIMENTO

Como consultores, o problema de comprometimento que encontramos com maior freqüência é o seguinte: as pessoas não se identificam com um projeto, uma tarefa ou uma visão. O líder não percebe essa falta de identificação ou resolve ignorá-la. Ao invés de falar abertamente e declarar sua resistência, as pessoas se calam e agem como se estivessem comprometidas. Elas se organizam cuidadosamente fora da reunião e então começam os problemas. Elas passam a resistir passivamente, em geral não completando o trabalho a tempo. Elas fazem intrigas sobre o projeto, sobre o líder ou sobre as pessoas que se comprometeram. Todos os problemas se originaram de uma falta de comprometimento pessoal.

Um problema semelhante acontece quando as pessoas fazem um acordo, por exemplo, de cumprir um determinado prazo de entrega. Alguns acontecimentos, freqüentemente fora do controle delas, surgirão pelo caminho e elas não vão saber como alterar o acordo. Haverá arrastar de pés, pedidos de licença de saúde e o projeto atrasará.

A solução é óbvia, mas não de fácil implementação. Os líderes têm de estar habilitados para reconhecer os sinais de não-comprometimento. A melhor maneira é prestar atenção à linguagem corporal. Observe os olhares que se desviam, a olhadela para o relógio, a brincadeira obsessiva com a xícara de café. Há várias maneiras de as pessoas revelarem inconscientemente seus sentimentos. O líder perspicaz deve estar disposto a descobrir o que está por trás dessas inquietações.

"Bill, notei que ao estabelecermos o prazo de entrega você pareceu pouco à vontade. Gostaria de saber o que você pensa a esse respeito." Podem ser momentos difíceis para os líderes que freqüentemente querem ouvir boas notícias. Nesses momentos as pessoas podem estar sentindo:

- Medo de que não serão capazes de cumprir o prazo de entrega.
- Ansiedade pelo fato de os recursos não estarem disponíveis.
- Medo de que um projeto que consuma tempo vá desintegrar a vida familiar.

O importante para os líderes é procurar sinais de não-comprometimento logo de início e ouvir as pessoas com atenção. Também é importante criar um clima em que as pessoas possam conversar claramente sobre seus sentimentos sem temer punição. Em tais confrontos, o ajuste é crucial. Algumas pessoas não gostam de falar em reuniões; elas podem ser contatadas mais tarde, na hora do café. Os líderes sensitivos estudam o estilo das pessoas-chave do projeto, de forma a planejar todo um caminho de aproximação com cada uma delas.

Um pouco desse tipo de atenção direta pode evitar muitos problemas futuros.

CONHEÇA O SEU OBJETIVO

Seu primeiro passo para chegar ao comprometimento é estabelecer seu objetivo final. É difícil inspirar comprometimento sem que você saiba enunciar seu objetivo numa sentença clara. É difícil se comprometer com alguma coisa que você não sabe o que é, e mais difícil ainda fazer com que os outros se comprometam se eles não sabem ao certo com o que estão se envolvendo. Uma coisa sobre a qual você tem controle absoluto na vida é onde colocar seu foco.

Os membros de uma classe de graduação de Yale, de 1950, eram inspecionados periodicamente, em todos os sentidos, para que fossem avaliados seu bem-estar, felicidade e condição financeira. Todos eles eram brilhantes, muitos eram ricos. Mas 3% deles tinham uma vantagem que mais tarde provou ser significativa. Quando fizemos o primeiro contato, 3% deles tinham estabelecido, por escrito, seus objetivos de vida pa-

ra quando saíssem da faculdade. Trinta anos depois, esses 3% haviam acumulado mais dinheiro que os outros 97% juntos.
Objetivo.
O que você mais deseja.
Se você tiver um objetivo definido, não vai vagar a esmo e não vai se conformar com caminhos que o afastem de sua realização. Sem uma noção clara de seu objetivo, haverá um sem-número de desvios para corrompê-lo. Uma grande vantagem de estabelecer seu objetivo é que facilita a tomada de decisões. Você sabe, num relance, se um determinado caminho é útil ou não ao seu objetivo. Muitas pessoas, numa tentativa mal-orientada de manter maior número de opções em aberto, deixam de tomar decisões claras e sofrem com isso.

O OBJETIVO DO OBJETIVO

Há Grandes Objetivos de Vida e há pequenos objetivos diários. Ambos são igualmente importantes. A função de ambos é dar forma e definição para as suas ações.

Seu Grande Objetivo de Vida é a resposta a perguntas como: Antes de mais nada, para que eu estou aqui? O que eu mais gosto de fazer? No final da minha vida, se tudo o que planejei tivesse tido sucesso total, o que eu teria vivido e realizado?

Os pequenos objetivos diários são a resposta a perguntas como: Do que precisamos para concluir este projeto? Que espírito queremos dar a esta empresa? Que sentimentos e realizações preciso afastar desta reunião? Em que estado emocional quero estar quando me ocupo de minhas tarefas?

Um líder inspirador sabe como ligar os pequenos (e freqüentemente maçantes) passos com a Grande Visão. Quando você vê alguém fazendo um trabalho trivial mas essencial, pare na mesa dessa pessoa e diga: "Estou gostando de ver o cuidado que você está tendo com esse trabalho. Estou certo de que você sabe a razão por que todos estamos fazendo isso".

É preciso haver harmonia entre seus Grandes Objetivos de Vida e seus objetivos diários para que você seja feliz. Se houver conflito entre eles, pode esperar choro e ranger de dentes ao longo do caminho.

A INTEGRIDADE É FUNDAMENTAL PARA O COMPROMETIMENTO

Nada aniquila mais rápido o comprometimento do que acordos quebrados. Uma promessa quebrada pode desgastar a confiança num instante e pode levar anos para ser recuperada. Se você quer complicar sua vida em três tempos, não mantenha seus acordos. Na base da maioria dos desastres empresariais está uma pequena pilha de acordos quebrados. Às vezes apenas um. Se você quebra um acordo e se apresenta a uma reunião com atraso de um minuto, os outros vão usar isso como justificativa para roubar clipes. Alguém vai vê-los roubando clipes e vai ficar inspirado a fraudar o fundo de pensão.

Os prazos de entrega são o tipo de acordo ao qual é preciso prestar muita atenção. Os prazos são cruciais para a vida empresarial. A solução do místico nesse assunto é: nunca estabeleça um prazo que você não tenha intenção de cumprir. As pessoas se descuidam do projeto quando os prazos são estendidos ou ocultados. Não permita que as pessoas em sua empresa desperdicem um só segundo tentando imaginar se um prazo é real ou não. Se você não concorda com isso, não aja assim.

As regras são simples: não faça acordos que você não deseja fazer. Mantenha todos os acordos que fizer. Diga toda a verdade se achar que não vai conseguir manter um acordo. Se você deixar de manter um acordo, assuma responsabilidade por isso imediatamente.

Mantenha sua responsabilidade num nível mais elevado do que é a expectativa de todos.

— HENRY WARD BEECHER

FAÇA O QUE PRECISA SER FEITO

Quantas pessoas você conhece nas quais você pode confiar que farão o que dizem? Se estivessem em seu lugar, elas o incluiriam nessa lista? Os profissionais são pessoas que se apresentam dia após dia para o trabalho e o realizam com eficiência, mesmo quando não estão dispostas.

Como você estabelece a prioridade do que precisa ser feito? Observe. Pergunte. No campo de batalha, os médicos usam a arte e a ciência da triagem: eles separam os feridos em três categorias. A primeira categoria é daqueles que vão viver, com ou sem tratamento médico. A segunda é daqueles que vão morrer, com ou sem tratamento. A terceira é daqueles que vão morrer se não receberem tratamento. A última categoria tem a prioridade dos esforços médicos. Vimos muitos executivos se beneficiarem do desenvolvimento de um sistema de triagem para suas atividades diárias. Sempre há atividades primordiais que custarão caro para você e para a empresa se não forem acompanhadas. Muitos executivos desperdiçam tempo e energia em atividades que não são cruciais.

Os Empresários Místicos freqüentemente usam um truque: fazem em primeiro lugar a coisa que menos gostariam de fazer. Depois, o resto do dia é como estar em férias. Com quem você tem mais receio de falar? Que decisão sabe que não tomou, mas que precisa, urgentemente, ser tomada? De quem é o recado deixado por telefone que continua anotado à sua frente sem resposta?

Tudo começa com o comprometimento. No início era o verbo. Há um grupo minúsculo que realmente merece ser a elite: aquelas pessoas que sabem qual é seu objetivo e com quem se pode contar para fazer o que elas dizem que vão fazer.

Sente-se, ande ou corra.
Só não hesite.
— Máxima Zen

POR QUE AS PESSOAS NÃO HONRAM SEUS COMPROMISSOS?

No momento em que firma um compromisso, você é rapidamente impulsionado em direção ao seu objetivo. Esse aumento de velocidade traz à tona suas barreiras, para que atinja total eficácia. Se você firma grandes compromissos, freqüentemente vai se defrontar com grandes barreiras. Se alguma vez se surpreender pensando: "Não pedi esse tipo de problema!", simplesmente relembre seus compromissos. Você vai ver que as grandes barreiras vêm na seqüência imediata dos grandes compromissos.

Há três barreiras que a maioria de nós pode encontrar. A primeira é a informação errada. Se estivermos desinformados a respeito de nós mesmos, dos outros ou do mundo, firmar um grande compromisso geralmente vai expor o ponto onde residem nossos erros. Não faz muito tempo, uma celebridade jovem, brilhante, ascendeu à presidência de uma empresa. Ele era eloqüente, trabalhador e carismático. Logo se ouviam rumores, pelos corredores, de que o presidente estava tendo um caso com a vice-presidente, outra celebridade jovem e carismática. A empresa tinha um tabu contra tais relacionamentos; o novo presidente decidiu negar que houvesse qualquer coisa entre eles além de uma amizade. Ao fazer isso, ele foi vítima de um exemplo de desinformação: de que ninguém nota quando você oculta uma verdade. Quanto mais ele negava, maior se tornava o comentário. Finalmente, constrangido, ele admitiu, e em pouco tempo se casou com a mulher.

Analisando essa situação, diríamos que sua ascendência à presidência era um compromisso muito sério para ele. No nível mais elevado, que com certeza representava um sonho de sua vida, tudo se exigia dele. O compromisso mais sério expôs o defeito que ele tinha sido capaz de ocultar ou administrar em níveis mais baixos de comprometimento.

Vamos à segunda barreira.

COMO LIDAR COM O MEDO, A DÚVIDA E A CONFUSÃO

No momento em que você declara um grande comprometimento, outra barreira pode se elevar para atrapalhá-lo: sentimentos desagradáveis. Tome por exemplo o eterno problema do regime. Todos os dias, milhões de pessoas firmam o compromisso de fazer regime. A maioria delas falha por uma simples e forte razão. Em minutos, talvez, certamente em horas, as pessoas começam a ter emoções desagradáveis, como medo e fome; exatamente os mesmos sentimentos que seus maus hábitos alimentares estão encarregados de silenciar. A única maneira de fazer com que um regime tenha êxito é lidar com esses sentimentos, vivenciando-os profundamente, talvez respirando fundo, correndo. Ao relutar contra esses sentimentos, as pessoas acabam comendo seus alimentos proibidos novamente. A relutância em passar pelo portão das emoções desagradáveis leva as pessoas a sabotarem seus compromissos.

Se você estiver fazendo alguma coisa grande e que valha a pena na vida, com certeza vai deparar com sensações desagradáveis. Quanto maior o compromisso, maior o feixe de sensações que podem vir à tona. Grandes compromissos significam grandes ganhos e grandes perdas. Tanto os ganhos quanto as perdas agitam o caldeirão de suas sensações. O místico sabe que os grandes compromissos são freqüentemente seguidos de grandes medos, dúvidas e confusões. Imagine as sensações que devem ter vindo à tona quando o navio de Colombo perdeu a vista do litoral europeu! Os Empresários Místicos veteranos conhecem essa segunda barreira e dão a si mesmos e a seus colaboradores muitas oportunidades para dizer a verdade a respeito de seus sentimentos. Eles produzem um espaço de segurança no qual podem ter todas as sensações, mas lembram a todos que elas passam como rajadas de vento. Sinta o que sentir, diz o místico, mantenha-se determinado a fazer o que precisa ser feito.

Não há escolha quanto a ter ou não ter as sensações; a única escolha é quanto ao modo como você vai participar delas. O místico sabe que a paz de espírito flui com a participação total, com medo, com sofrimento, com alegria. Quanto às sensações, tudo o que você pode fazer é vê-las, vivenciá-las e mantê-las em movimento. A última coisa que se deve fazer é negá-las e escondê-las.

Tendo escolhido um caminho e se comprometido com ele, considere todas as suas dúvidas como obstáculos de percurso. O medo desempenha um papel útil somente até você se comprometer: é a energia da escolha. Uma vez realizado o compromisso, a maior parte do medo vai desaparecer. Se ainda restar algum medo, considere-o como uma pista de que você não está agindo com suficiente rapidez.

LEALDADE FORA DE LUGAR

Quando você firma um compromisso sério, surge uma terceira barreira e freqüentemente a mais difícil de ser transposta — lealdade fora de lugar. No momento em que declara: "Meu objetivo é ganhar trezentos mil dólares por ano" ou "eu gostaria de ter um casamento feliz", você, invariavelmente expõe os vínculos ocultos que o mantêm algemado ao passado.

O místico conhece o poder das lealdades invisíveis. Por exemplo, muitas pessoas não chegam ao nível total de seu potencial por causa de uma lealdade inconsciente à mãe ou ao pai fracassado ou magoado. É por essa razão que os Empresários Místicos trabalham cuidadosamente para não confundir seus próprios dramas/histórias pessoais com o que precisa ser feito. Todo mundo tem seus dramas/histórias: alguns de nós têm expectativas de traições, outros são gênios incompreendidos, outros, ainda, são heróis camuflados com medo de dar o salto. Independentemente do fato de sua história ser uma comédia ou uma tragédia, é preciso distingui-la do que é prioritário. Trata-se de duas categorias distintas: sua história e o que precisa ser feito em cada situação. Muitos sabotam seus empreendimentos ao confundir as duas categorias.

Você se lembra do jovem presidente que estava tendo um caso amoroso na empresa? Ele confundiu seu próprio drama/história com o que precisava ser feito. Sua história, baseada em sua experiência com o pai autoritário era sobre "Até onde eu posso ir impunemente?" O que ele precisava fazer — para dirigir a empresa — era ser verdadeiro com os funcionários e a diretoria, a respeito de seu caso, e escolher conscientemente entre o relacionamento amoroso e a presidência.

Os Empresários Místicos sabem que a história de cada um é sagrada para ele, quer se trate de traição ou de heroísmo. A vantagem do Empresário Místico sobre os demais é ser capaz de ver como sua própria história perturba o que precisa ser feito, mas fazê-lo de uma forma ou de outra. Se o místico é um gerente, ele aprende a reconhecer as histórias das pessoas, mantendo-as, porém, concentradas no que precisa ser feito.

Quando ficamos confusos com relação ao que é prioritário, isso ocorre freqüentemente porque somos escravos de uma antiga versão de nós mesmos. O mesmo se dá com qualquer organização. As empresas freqüentemente se fixam numa versão limitada de si mesmas. Quase sempre há lealdades a velhas visões, a ex-líderes. Os Empresários Místicos encaram de frente essa questão. Eles perguntam: "A quem estamos sendo leais, ao deixar de fazer o que precisa ser feito?"

RECONHECER E RECOMPENSAR PESSOAS COMPROMETIDAS

Manter as pessoas comprometidas é uma grande arte, e parte dessa arte é encontrar maneiras de recompensar sua contribuição. O dinheiro é uma maneira óbvia de recompensa, mas a maioria das pessoas não trabalha apenas por dinheiro. Os líderes criativos encontram maneiras de se colocar no lugar delas e de perguntar: "Como eu me sentiria e o que eu quereria se fosse essa pessoa?"

Bill Wiggenhorn, presidente da Motorola University, uma das organizações mais inovadoras que já vimos, encontrou uma maneira original de compensar uma pessoa excepcional que se apresentou a ele. De suas conversas, ele viu que o dinheiro desempenhava um papel muito pequeno na vida dela. De fato, ela vivia de maneira simples e doava a maior parte de seus ganhos. Bill queria aumentar sua compensação de um modo que reconhecesse seu valor e a beneficiasse, e sabia que dar-lhe mais dinheiro não surtiria o efeito desejado. Então, ele se colocou no lugar dela e perguntou a si mesmo o que desejaria se tivesse os valores espirituais dela. Mais instrução e treinamento, pensou. Ao invés de aumentar seu salário, ele separou fundos para seu desenvolvimento profissional e lhe ofereceu um horário mais flexível para isso. Essas contribuições permitiram a ela completar seu doutorado, que tinha ficado inacabado durante muitos anos.

> *Alguém deveria nos dizer, bem no início de nossa vida, que estamos morrendo. Então, viveríamos ao máximo cada minuto, todos os dias. Por isso eu digo: o que você deseja fazer, faça-o agora.*
>
> — Michael Landon

5

COMUNICAR-SE COM AS PESSOAS

Ponha seu coração, mente e alma até mesmo em seus menores atos. Esse é o segredo do sucesso.

— SWAMI SIVANANDA

Os Empresários Místicos sabem que a verdadeira comunicação só é possível quando você está totalmente presente — esteja onde estiver. Os Místicos se concentram em sua atenção errante, trazendo-a de volta para o presente, onde estamos nós.

Na melhor das hipóteses, trabalhar é brincar. Quando você está totalmente engajado, quando suas capacidades estão plenamente em uso e a criatividade está fluindo, não há trabalho. Você está simplesmente fazendo o que está fazendo. Ao observar crianças brincando — participantes, completamente apaixonadas, engajadas — você terá o retrato da atitude exata dos Empresários Místicos.

Jim Jarman assumiu a presidência de uma nova empresa de biotecnologia subvencionada na Costa Oeste: "Em minha primeira semana no trabalho tive de enfrentar com um número enorme de problemas sobre os quais ninguém me havia prevenido. Alguns eram de ordem financeira, outros de ordem tecnológica, muitos de ordem pessoal. Lembro-me de estar brincando com minha filha na sala, sexta-feira à noite, depois de minha primeira semana de trabalho. Ela de repente disse: 'Onde você está, papai?', e percebi que estava em transe, bem longe dali. Na verdade, eu estava revendo minhas opções financeiras para conseguir uma injeção de dinheiro na empresa. Eu me senti muito culpado por deixar meu trabalho atrapalhar meu relacionamento com minha filha, então fui até o térreo com Andrea, que na época estava no jardim-de-infância. 'Ensine-me a brincar, querida. Mostre-me como você brinca'. Ela não hesitou. Com um sorriso largo e forçado, disse 'tá bom', e durante a hora seguinte voltei a me familiarizar com o ato de brincar. Fiz exatamente o que ela fazia, e quando ela passava de uma coisa para a outra, eu fazia o mesmo. O que observei foi que ela prestava muita atenção ao que estava fazendo. Quando brincava com as bonecas, ficava lá com elas, completamente envolvida. Mas quando desviava para os carrinhos, dava toda a atenção a eles. Vi que meu erro no trabalho tinha sido partir para a atividade seguinte, deixando parte de minha atenção para trás, na última atividade, ou emprestando outra parte a preocupações futuras. Andrea não fazia isso, de forma alguma. Seu segredo era estar exatamente onde estava. Mais tarde subi para encontrar minha mulher e ela me perguntou o que eu tinha feito para manter Andrea tão entretida. 'Ela estava me ensinando a desempenhar meu novo cargo', disse.

"Quando voltei para o trabalho, na segunda-feira, coloquei um lembrete na parede defronte à minha mesa, que dizia: 'Lembre-se do Segredo de Andrea'. Umas quinze vezes naquela semana alguém me perguntou qual era o segredo de Andrea. Eu o contei diversas vezes, e acabei por absorvê-lo completamente."

O segredo do sucesso é não se ligar nos resultados;
dê o melhor de si e deixe que os resultados
cuidem de si mesmos.
— J. Donald Walters

SER AUTÊNTICO

A boa comunicação começa em casa, dentro de você mesmo. Sua comunicação interior é clara e direta? Uma coisa que não nos ensinam na escola é como ouvir e respeitar todos os nossos sentimentos. Cabe à vida nos ensinar, freqüentemente de modo penoso, como ouvir os sinais que vêm de dentro de nós mesmos. Uma das principais mensagens da vida é: Não minta para si mesmo. Mentir para os outros vai deixá-lo perturbado, mas mentir para si mesmo vai deixá-lo doente, e bem depressa.

O que você está fingindo que não sabe?

— PIXAÇÃO NO BANHEIRO DA
HARVARD BUSINESS SCHOOL

O problema se torna óbvio quando estamos tentando nos comunicar com os outros e eles percebem claramente que não nos comunicamos conosco mesmos. Na verdade, a vida começa a ficar complicada no momento em que você mente para si mesmo e para alguém mais. Líderes esclarecidos dizem a verdade para si mesmos e para as pessoas à sua volta. Buda disse isso claramente: A infelicidade decorre de dar-se as costas a uma realidade que precisa ser encarada de frente.

O primeiro passo para se tornar um líder é parar de fingir, principalmente para si mesmo.

— UM EMPRESÁRIO MÍSTICO ANÔNIMO

Às vezes, essa realidade é interior, às vezes, é exterior. Às vezes a realidade está no passado, às vezes, no presente. Kate trabalhou com dois vice-presidentes que estavam acirrados numa luta de poder: "O superintendente de uma empresa de alta tecnologia no Vale do Silício era um negro chamado Dan. Uma mulher branca, Gracie, era a vice-presidente de vendas. Eles chegaram a um problema de comunicação tão extremo que sequer participavam de reuniões sem um intermediário. Depois de analisar a situação, achei que não havia solução. Sugeri que ambos olhassem para suas histórias individuais que, com toda a certeza, estavam contribuindo para o drama. O nível de desconfiança parecia fora do comum. Quando trabalhávamos nessas questões separadamente, Gracie trouxe à tona a lembrança de uma traumática experiência de infância com um parente de uma babá negra que ela tinha tido quando criança. Quando conseguirmos pinçar esse fato, ela descobriu que Dan era Dan, e não a sombra de alguém do passado. Ele, por sua vez, revelou suas impressões sobre um antigo programa de mulheres brancas, inatingíveis, e Gracie, que tinha sido rainha de beleza na escola, parecia irritá-lo particularmente. Finalmente, ele a viu como Gracie, não como o arquétipo de mulher inacessível. Hoje, eles são bons amigos, livres das projeções que faziam sobre o outro".

A coisa mais exasperante que descobri na vida foi a falta de sinceridade.
— ANNE MORROW LINDBERGH

Percebi que quando as pessoas não estavam me ouvindo era porque eu não estava dizendo a verdade.
— UM EMPRESÁRIO MÍSTICO ANÔNIMO

FALAR COM SINCERIDADE

Se você tiver certeza de estar dizendo a verdade, nunca terá de se preocupar com o fato de as pessoas estarem ou não ouvindo você. Quando as pessoas não ouvem, em geral é porque aquele que fala está comunicando algo mais que a verdade. Portanto, diga somente a verdade e seja breve. Os místicos são famosos por não manterem conversa fiada.

Se você quer se concentrar em alguma coisa o tempo todo, algo que lhe garanta felicidade e sucesso, concentre-se em verificar se todas as palavras que você pronuncia são a expressão da verdade.

Primeiro os fatos. Parte do aprendizado de dizer a verdade é apreender os fatos corretamente. Em vez de dizer: "Outro dia eu estava falando com Joe", simplesmente diga: "Terça-feira de manhã eu estava falando com Joe". Em vez de "tenho observado um comprometimento menor de sua parte, Harvey", dê a ele alguns fatos. Diga: "Harvey, você chegou atrasado à exposição do projeto A e faltou à reunião de quarta-feira sobre o projeto B". Muitas pessoas gostam de aumentar os fatos, e isso lhes custa sua credibilidade. Assim, concentre-se primeiramente em dizer a verdade sobre os fatos.

Então, tenha a certeza de dizer a verdade sobre os sentimentos. Se você estiver com raiva, não tente escondê-la. As pessoas vão perceber de qualquer maneira. Diga: "estou com raiva". Se estiver triste ou desapontado, exteriorize isso. A mesma coisa para o medo. Muitas pessoas pensam que os sentimentos são um sinal de fraqueza, mas a verdade é que eles são uma marca do ser humano. Nada confere maior poder a um líder do que admitir que tem sentimentos. Esconder seus sentimentos faz com que ele se sinta mal e rouba seu equilíbrio. Não significa que você tenha de se alegrar com eles ou fazer um drama por causa deles. Os místicos reconhecem e exprimem seus sentimentos com a mesma facilidade com que dizem as horas. E vão em frente.

Um homem que não chora me assusta um pouco.
— H. NORMAN SCHWARZKOPF

SAIR DO MEIO

Quando perguntamos aos Empresários Místicos qual tinha sido seu aprendizado número um na área de comunicação, muitos deles disseram: sair do meio. O que eles quiseram dizer foi: Bob vai se queixar com você a respeito de Marsha. Você imediatamente pergunta: "Você falou com Marsha sobre isso?" Bob diz que não. "Então vá falar com ela agora mesmo. Volte mais tarde e me conte o que aconteceu." Muitos problemas podem ser eliminados saindo-se do meio. Se você estiver disposto e tiver tempo, também pode dizer: "Vou chamá-la agora e podemos discutir isso juntos". De qualquer modo, economiza-se tempo e problemas pelo caminho. Isso o mantém longe de perpetuar o curso de um dos mais antigos dramas humanos familiares. Muitos de nós crescemos em uma família onde não havia comunicação direta. A mãe ficava contrariada com o pai, mas transferia o problema para a filha ou o filho. O pai ficava furioso com Billy, que só descobria isso quando a mãe contava para ele. A comunicação indireta consome uma grande quantidade de energia da vida humana, e só há uma maneira eficiente de interrompê-la. Quando for sua fez de jogar, não jogue.

OUVIR COM PRECISÃO

Há mais poder em ouvir do que em falar. De fato, ouvir pode ser a habilidade-chave para a pessoa bem-sucedida. Tão logo as pessoas sintam que foram ouvidas, elas começam a evoluir. Podem ter ficado emperradas numa posição durante muito tempo, mas ouvir um pouquinho já as revigora. Como consultores, ensinamos as habilidades de ouvir a milhares de pessoas e vimos essas habilidades funcionarem como verdadeiros milagres. Reserve um instante para si mesmo e faça a seguinte pergunta: Como você ouve?

Há três níveis para o desenvolvimento das habilidades de ouvir. O primeiro passo simples é dizer às pessoas, num *feedback*, exatamente o que elas disseram. Esse tipo de atitude poderia ser chamada de "ouvir com precisão".

A pessoa A, batendo na mesa com os punhos: "Quero a ponte do Brooklyn e o Tappan Zee, ou não há negociação".

A pessoa B, um Empresário Místico: "Então, você está dizendo que quer a ponte do Brooklyn e o Tappan Zee, ou não há negociação".

Talvez você pense que uma resposta desse tipo pareceria estúpida. Pois se engana. Tente e você verá que é uma medida radical. As pessoas, especialmente quando têm sentimentos fortes, ficam tão presas a seu próprio ponto de vista que ouvem buscando a oposição. Elas ficam completamente desarmadas quando você se recusa a fazer o jogo delas. Há um momento carregado de possibilidade quando você ouve um outro ser humano sem restrições, sem esperar que ele veja as coisas a seu modo. Simplesmente ouça. O Empresário Místico prospera em momentos como esse.

Eu sempre pensei que estava ouvindo, mas agora percebo que estava simplesmente assistindo ao movimento dos lábios das pessoas, esperando que elas parassem para eu poder falar!
— Participante de um Seminário Sobre Ouvir

Um diretor de empresa nos contou: "Nunca conheci o poder de simplesmente ouvir, até alguns anos atrás. Havia um sujeito com quem eu não me dava muito bem, em parte porque eu o tinha rotulado como um choramingão. Ele me irritava, porque parecia reciclar os mesmos sentimentos negativos o tempo todo, particularmente seus sentimentos de competitividade com outras pessoas de seu nível. Um dia estávamos tomando um café quando ele recomeçou. Senti meu estômago se apertar e minha pressão sangüínea começar a subir. No entanto tinha acabado de ler um livro e de escutar uma fita sobre a atitude de ouvir, então decidi praticar com ele. Ao invés de concordar com ele ou tentar convencê-lo a mudar o seu ponto de vista, eu simplesmente interpretei o que ele disse: 'Você está louco de raiva porque a Hilda teve um aumento de salário maior que o seu e você tem uma vontade enorme de subir na empresa'. Fiz o possível para dizer isso sem nenhum julgamento, implícito ou explícito. Houve um silêncio. Finalmente, ele disse: 'Ah, é?', e acabou ali aquela conversa. Ele começou a falar de algo muito mais agradável. Não sei se a partir desse dia ele parou de se queixar de modo geral ou só comigo, mas sei, com certeza, que desde então não o ouvi mais falar da mesma maneira.

Num comentário bem-humorado, um amigo dos autores conta que foi com sua mulher a uma festa em que ele não conhecia praticamente ninguém e decidiu fazer uma experiência. Em vez de falar ou tentar impressionar alguém na festa, ele se propôs a não fazer nada a noite inteira, somente ouvir com atenção e reafirmar o que cada pessoa dissesse a ele. No caminho de volta para casa, sua esposa, toda orgulhosa, disse-lhe que várias pessoas tinham comentado com ela o quanto ele era convincente, carismático e eloquente.

O primeiro estágio do aprendizado de ouvir, então, é ser capaz de resumir o conteúdo do que você ouviu, exatamente como foi dito. Os professores da arte de ouvir vão lhe dizer que se leva aproximadamente dez minutos para aprender essa habilidade e cerca de dez anos para dominá-la.

OUVIR COM EMPATIA

O segundo estágio do aprendizado de ouvir é ressoar o que a outra pessoa está dizendo, especialmente o conteúdo emocional. Vamos chamar de "ouvir com empatia". Você pratica essa técnica experimentando as emoções das pessoas em si mesmo. A outra pessoa diz: "Quero que esta empresa seja a indústria de *microchips* líder em qualidade no ano 2000". O ouvinte deve então experimentar o que é ter um desejo como esse. Você ressoa a mensagem. Não significa que você tenha de concordar, longe disso. Talvez você queira algo inteiramente diferente. Mas a compreensão — a verdadeira ressonância — vem primeiro, bem antes da resolução. Lembre-se: *A ressonância precede a resolução*. O amargo teste dessa habilidade vem quando as emoções estão no ar. Quando alguém diz que está com raiva, o ouvinte ressonante experimenta o que significa para essa pessoa estar com raiva. É preciso ver o poder desse procedimento para se acreditar nele.

Heath Herber, presidente da The Herber Company, nos contou: "Eu diria que ouvir as emoções da outra pessoa talvez seja a coisa mais importante que aprendi em vinte anos no mundo dos negócios. O que faço é captar o que há por trás das palavras da outra pessoa. Talvez seja dúvida, irritação ou nervosismo. Eu simplesmente chamo a isso 'questão real'. Digo algo como: 'parece que você tem alguma dúvida, e eu posso entender por quê'. Nunca tento dissuadi-los disso. Se eu posso dar nome a isso, eles mesmos começam a se dissuadir. Entendi isso uma vez quando estava tentando fechar um contrato importante com um revendedor de carros. As coisas estavam emperradas e eu não conseguia imaginar por quê. Sabia que eu tinha números interessantes para ele, mas ele estava protelando a decisão. Vi que ele estava distraído com alguma coisa, então disse... com todas as letras: 'Você parece distraído, Charlie'. Ele fechou os olhos por um instante e mudou de atitude. 'É, acho que sim. Minha filha vai se casar no sábado, e eu estou com muitas preocupações na minha cabeça'. Descobrimos, então, que nossas filhas tinham quase a mesma idade, mas nenhum de nós, até aquele momento, sequer sabia que o outro tinha filhos. Cinco minutos depois eu tinha um contrato assinado e um novo amigo".

OUVIR COM CRIATIVIDADE MÚTUA

O terceiro estágio do aprendizado de ouvir se dá quando duas pessoas passaram pelos estágios um e dois com eficiência suficiente para desenvolver uma aliança. Com a boa vontade desenvolvida pelos estágios um e dois, as pessoas começam a ouvir o outro de um modo a impulsionar a criatividade um do outro a um nível que eles não atingiriam por si mesmos. Esse ouvir profundamente — ouvir para inspirar a criatividade mútua — é responsável por muitos impulsos no mundo. O que você mais deseja na vida? E como posso ajudá-lo a conseguir isso? Ouvir, numa postura de total apoio às outras pessoas — mostrar em seu próprio corpo, mente e espírito que você está aberto aos objetivos e aspirações delas — pode ser o maior presente que você pode dar a seus semelhantes.

Susan Snowe, uma das consultoras empresariais mais eficientes que conhecemos, nos deu um grande exemplo desse tipo mais profundo de atitude de ouvir: "Uma ocasião eu estava me sentindo emperrada em minha carreira. Agendei uma sessão com um outro consultor para me ajudar a sair dessa situação. Depois de ouvir minha história, ele me fez duas perguntas, repetidamente. As perguntas eram: 'O que você realmente quer?' e 'É realmente o que você quer?' Ele não me deu nenhuma indicação ou conselho — apenas aquelas perguntas. Depois da terceira rodada de perguntas, percebi que eu queria abrir minha própria empresa. Tinha trabalhado para outra pessoa durante vinte anos; agora era hora de trabalhar para mim. A partir desse dia eu pude sentir a mudança que aconteceu em meu corpo quando percebi o que eu realmente queria. Era como se todo o *stress* e a tensão tivessem diminuído e se transformado por si mesmos em energia".

DAR E RECEBER UM *FEEDBACK* HONESTO

Um dos místicos entrevistados para este livro, Donna Kindl, a certa altura de sua carreira, foi chefe de recursos humanos na Clorox. Depois de uma reunião que ela tivera à parte com uma outra executiva: "A mulher me disse num tom muito áspero, que eu era arrogante e uma péssima ouvinte. No início fiquei chocada, mas à medida que ela falava eu tive vontade de me ajoelhar e exprimir minha gratidão. Ninguém — nem mesmo meu diretor — tinha me dado um *feedback* como aquele. Mesmo que fosse exagerado ou disfarçado pela sua personalidade, ela estava me dando o presente de toda uma existência, ao descrever com detalhes excruciantes a forma como eu me apresentava. Quando ela terminou, expressei meus agradecimentos. Ela ficou tão tocada pela minha reação que me colocou debaixo de sua asa e foi minha mentora por alguns anos".

Para muitas pessoas, o mais difícil na comunicação é dar e receber um *feedback* honesto. Até hoje é o artigo mais valioso no mundo. Muitos dos místicos que entrevistamos conseguem dar e receber *feedback*, até mesmo o do tipo brutalmente honesto, aproximadamente no mesmo tom de voz que dariam a previsão do tempo. O compromisso deles em conseguir dados precisos é maior do que o compromisso de estar certos.

As pessoas dizem que eu não aceito muito bem a crítica, mas eu pergunto, o que é que elas sabem?

— ATRIBUÍDO A GROUCHO MARX

FORMAR UMA CULTURA EMPRESARIAL DE INTEGRIDADE

Kate trabalhou como consultora em duas *joint ventures* da IBM-Motorola. "Numa determinada situação eu fui chamada porque as equipes de direção hierarquicamente mais elevadas estavam envolvidas num sério conflito entre elas. Tratava-se de executivos veteranos na IBM ou na Motorola, e todos estavam imbuídos de uma forte noção de valores e cultura de suas respectivas empresas. Os executivos da Motorola estavam acostumados a falar abertamente sobre suas diferenças em reuniões. As idéias eram criticadas, as pessoas ficavam um tanto desconcertadas, às vezes, e o tom era freqüentemente de confronto. Eles se sentiam à vontade, porque isso parecia franco e honesto. Sentiam que podiam confiar uns nos outros porque sabiam onde estavam pisando.

Para as pessoas da IBM, no entanto, esse estilo aberto de comunicação parecia desrespeitoso e, na pior das hipóteses, bárbaro. Eles tinham se formado numa cultura em que você vai a uma reunião tendo preparado as questões com antecedência, uma a uma, de forma que não haja surpresas ou sentimentos feridos. As reuniões eram para apresentar 'as cartas dadas' e nunca um lugar onde pudessem aflorar problemas. Esperava-se que cada um guardasse para si quaisquer sentimentos antagônicos e os elaborasse depois, um a um.

Os funcionários da Motorola viam esse estilo como intensamente político, levando a conversas de bastidores e a rodeios na tomada de decisão. Eles sentiam que não poderiam confiar se as pessoas realmente diziam a verdade nas reuniões, pois eles nunca sabiam onde cada um estava pisando. Os grupos se polarizaram: os Políticos polidos contra os Bárbaros barulhentos."

Uma olhada nas taxas de crescimento das duas empresas nos anos 90 parecia favorável aos Bárbaros. A Motorola construiu uma empresa realmente bem-sucedida, em parte dando grande valor ao ato de dizer a verdade. No caso deles, a integridade não é uma declaração de valor lindamente enquadrada na parede da sala da diretoria; é uma maneira viva, comunicativa de trabalhar. A moral da história diz que isso dá certo.

6

A ADMINISTRAÇÃO DE PROJETOS

Ou a vida é uma aventura ousada ou não é nada.
— HELEN KELLER

Os sucessos profissionais freqüentemente dependem da arte e da ciência da retificação do caminho. Ninguém pode prever quando ocorrerá o próximo problema de comunicação ou quando vai se dar a próxima disputa de território. Em vez de usar uma bola de cristal, os Empresários Místicos agem de uma forma que faz maravilhas: eles não só esperam o inesperado, mas o saboreiam.

Freqüentemente perguntamos aos graduandos de administração e a outros estudantes o que faltou em sua formação educacional — o que foi preciso aprender "a duras penas"? Quase sempre a resposta é que seus professores os levaram a acreditar que o caminho dos negócios seria suave, que lhes seria dado um planejamento cuidadoso e uma lista de procedimentos cautelosamente elaborados. Os problemas eram vistos como sintomas, algo a ser evitado. Vendo de forma retrospectiva, no entanto, eles queriam que lhes tivessem dito o oposto: mesmo com bom planejamento e os procedimentos corretos, os problemas são o estágio normal e natural dos negócios. É assim que acontece, e o empresário que compreende isso está numa posição muito mais vantajosa para lidar com as vicissitudes do dia.

Começamos com o pior e com o melhor exemplo de ROTEIRO.

COMO LIDAR COM GRANDES GANHOS E GRANDES PERDAS

Os místicos aprendem a ficar atentos às coisas exatamente depois de um grande sucesso ou de uma grande perda. Nas duas situações estamos amplamente abertos e vulneráveis, além dos limites habituais. Essas oportunidades são propícias para gerar confusão. Gay recorda uma grande descoberta que fez no circo, quando criança: "Montaram um circo num terreno perto da minha casa, e eu consegui um trabalho que consistia em alimentar os animais, por dez centavos ao dia. Isso no tempo em que as moedas de dez centavos ainda eram de prata, então eu pensei que estava fazendo o grande negócio de toda a minha vida. Uma coisa que eu observei logo foi que os elefantes ficavam acorrentados a uma pequena estaca que o amestrador cravava no chão. Com dois dedos eu poderia puxar aquela estaca, então, admirado, perguntei ao amestrador por que o elefante não fugia. Ele me disse que o truque era usar uma estaca bem maior quando o elefante é pequeno. Como ele não consegue mover a estaca, acaba desistindo de tentar arrancá-la do chão. O animal cresce com uma clara noção de limitação. Depois de um tempo, o elefante sabe que não pode mover a estaca, então você pode acorrentar vários elefantes a uma estaca que uma criança poderia arrancar do chão. A maioria de nós tem algum tipo de limitação em sua mente que considera muito real. Não percebemos que ela simplesmente é falsa".

Uma das principais jogadas da vida é observar em que ponto nós nos cravamos no chão. Precisamos olhar para nossas limitações e perguntar a nós mesmos: se essa estaca não estivesse lá, o que faríamos? O que criaríamos? É daí que provém a criatividade para começar um projeto ou uma empresa.

Um grande problema emergirá no momento em que você tiver puxado sua estaca. De repente você se sentirá livre, mas você também estará na zona do desconhecido. Isso é o que acontece exatamente depois de um grande sucesso. Você acaba de galgar um novo posto e não tem ainda estrutura interior para lidar com esse novo poder. As estrelas do *rock* são famosas por se eclipsarem aos 20, 30 anos; Alexandre, o Grande, realizou todas as suas conquistas à época de sua morte, aos trinta e poucos anos.

Justamente depois de um grande sucesso é hora de desacelerar um pouco, tomar fôlego, concentrar-se. Faça a mesma coisa nos casos de perda. O momento que se segue a uma perda é bastante vulnerável; há uma forte tendência, na maioria de nós, de nos culparmos ou aos outros em situações como essas. Quando ocorre uma perda, é muito importante vivenciar todos os sentimentos relacionados a ela — raiva, tristeza, medo — e então refletir e se perguntar: O que é preciso fazer agora?

A mesma sabedoria se aplica às situações de grande perda. Você está na zona do desconhecido, vivenciando sofrimento, ao invés de alegria. Há uma forte tendência de se enveredar por um modo de culpa, em lugar de um modo de aprendizado. Você pensa: é minha culpa, é culpa deles, é culpa do mundo. Essa forma de pensar é comum, natural e freqüente. Os seres humanos vêm agindo dessa maneira há anos. Portanto, não se flagele por resvalar para esse modo de tempos em tempos. Mas, tão rápido quanto possível, mude para o modo de aprendizado. As perguntas, então, passam a ser: O que eu aprendi com isso? Que revisão precisa ser feita? Que retificações de caminho?

Qual a prioridade agora?

COMO CONSEGUIR A FÓRMULA CORRETA DA RESPONSABILIDADE

As pessoas mais bem-sucedidas têm o hábito de assumir mais de 100% da responsabilidade nas situações do trabalho e na vida em geral. Essa é uma de suas características-chave e, se não fosse ela, você poderia não ter chegado aonde está. Com isso, não estamos sugerindo que você se torne menos responsável, mas você precisa se certificar de que está inspirando outras pessoas a serem 100% responsáveis. Numa situação que envolva duas pessoas, há 200% de responsabilidade para ser dividida. Com três pessoas, há 300%. A responsabilidade aumenta em múltiplos de cem. Quanto mais pessoas estiverem jogando, mais importante se torna que todos se responsabilizem pelos seus 100%.

Quanto mais alto o cargo dentro da empresa, verifica-se que as pessoas, em sua maior parte, são do tipo mais-do-que-100%. O caminho inverso indica indivíduos do tipo menos-do-que-100%. Para os Empresários Místicos, a questão é aprender a observar quando eles estão agindo na modalidade mais-do-que-100%. Como saber? O indicador mais seguro, em geral, é verificar o que está acontecendo em seu próprio corpo.

Uma amiga mística nos contou esta história alguns meses depois de termos feito um treinamento em sua empresa: "Até o dia do treinamento, quando você explicou como funcionava a responsabilidade, eu não tinha nem idéia de por que, às vezes, eu voltava do trabalho para casa com terríveis dores de cabeça. Depois do treinamento comecei a avaliar que estava tomando para mim a responsabilidade que, na verdade, pertencia a outra pessoa. As dores de cabeça vinham da raiva que eu estava acumulando por ter responsabilidade demais. Eu estava indignada com os outros por não fazerem a parte delas, e com raiva de mim mesma por não saber como motivá-los a isso. À medida que comecei a estabelecer para mim mesma a tarefa de dar às pessoas oportunidade para serem 100% responsáveis, acordei um dia e percebi que eu não tinha tido uma dor de cabeça sequer ao longo do mês. Isso para mim é quase um milagre".

Como você motiva os outros a fazerem seus 100%? Delegar responsabilidade é a resposta habitual, e não há dúvida de que essa é uma habilidade essencial a líderes eminentes — e que você tenha de praticá-la até se tornar sua segunda natureza. Mas a delegação, por importante que seja, não é a questão fundamental. Ela reduz à expressão mais simples sua posição básica na vida: Você sente que as pessoas são fundamentalmente iguais? Você realmente sente que as pessoas são capazes de agir em nível de 100%?

Dizem que Michelangelo olhou para um bloco de mármore em estado natural e viu nele a estátua de Davi. Vemos a nós mesmos e às outras pessoas como obras-primas esperando acontecer?

PODER REAL

Jerry Jones, um fomentador de Portland e Empresário Místico de primeira classe conta que: "Alguns dos melhores negócios que já fiz foram aqueles que escolhi não fazer. No início de minha carreira eu costumava insistir em determinadas questões com energia exagerada, tentando fazer com que acontecessem coisas que, para começo de conversa, eu deveria ter deixado tranqüilas. À medida que fui amadurecendo, espiritual e profissionalmente, aprendi a ouvir o fluxo. Se alguma coisa está consumindo uma quantidade muito grande de energia — se é custoso fazê-la — talvez seja algo que você não deveria fazer. Pode-se comparar isso com o ato de velejar. Se você examina cuidadosamente os ventos, pode tirar grande proveito do modo como eles estão soprando. Às vezes é divertido quebrar o vento, mas durante uma viagem longa, isso consome muita energia.

"Durante uma viagem de avião eu estava sentado ao lado de Philip Knight, líder da Nike Corporation. Atrás de nós estava um companheiro que era um típico administrador de nível médio. Ele passou todo o tempo do vôo fazendo ligações telefônicas, dando ordens, gerando uma quantidade imensa de energia e ruído. Era como se ele estivesse tentando parecer importante. Enquanto isso, Phil, um bilionário cuja empresa dá emprego a milhares de pessoas, passou o tempo pensando, lendo, dormitando. Havia uma aura tangível de serenidade em torno dele. Isso me fez perceber quanta energia é desperdiçada, no mundo dos negócios, pelo ego e por demonstrações de falso poder. Ao contrário, o poder verdadeiro vem de seu contato interior consigo mesmo e com o universo."

Como um passo prático nessa direção, Jerry faz duas coisas que todos os Empresários Místicos deveriam levar em consideração. Ele gasta a primeira hora de seu dia de trabalho em meditação. Revigorado o contato com seu "eu" interior e com o universo, ele parte para a ação. Sua segunda força é passar toda quinta-feira em silêncio total. Ele envia faxes e outras mensagens, mas não conversa com ninguém. Tanto ele quanto sua equipe de assistentes descobriram que esse "intervalo" é extremamente produtivo. Eles apreciam um dia sem carga verbal porque lhes dá a chance de recuperar atribuições do início da semana. Uma vez, durante um período muito atribulado, ele pensou em abolir o Silêncio da Quinta-feira em benefício da equipe. No entanto eles lhe pediram que continuasse porque estavam muito impressionados com o valor do silêncio para o bem-estar e a criatividade dele.

COMO CONSERVAR FUNCIONÁRIOS DE ALTO POTENCIAL

Um dos desafios na vida empresarial é manter, segurar as pessoas competentes. Paradoxalmente, à medida que as empresas amadurecem, elas em geral têm maior dificuldade em conservar as pessoas criativas. A burocracia aumenta, as regras se tornam mais rígidas, a comunicação deve passar por vários escalões. Muitas das pessoas criativas que encontramos no ambiente empresarial expressaram confidencialmente sua profunda frustração com o caráter de rigidez de seus locais de trabalho, presos a regras. Quando Kate era vice-presidente de recursos humanos na KLA Instruments, ela usou a intuição, o ouvir, o hábito de dizer a verdade e a criatividade positiva, à moda antiga, para manter um funcionário de grande valor: "Mark era um vice-presidente de planejamento, um rapaz criativo que provavelmente tinha ganho trezentos milhões de dólares com seus projetos. Eu não o conhecia muito bem nem o via com muita freqüência porque ele trabalhava em outro edifício. Mas uma manhã tive pensamentos desagradáveis a respeito dele, pensei que ele estava lutando comigo. Seguindo minha intuição, peguei meu carro, fui até seu edifício e bati em sua porta. Eu o encontrei com o olhar distante, confuso e infeliz. Sentei-me e perguntei-lhe o que estava acontecendo. Depois de alguns minutos tentando evitar o problema, ele finalmente falou. Acabara de receber uma oferta de outra empresa e estava pensando em nos deixar.

"Eu fiquei atordoada, porque ele parecia insubstituível e parte de nossa cultura. Aprendi, no entanto, que nunca funciona 'comprar as pessoas' porque elas não trabalham por dinheiro. Assim, juntei todas as minhas habilidades de ouvinte e conseguir arrancar dele o problema. Levei algumas horas para saber toda a história. Ele revelou que odiava o vaivém diário e os aspectos administrativos de seu trabalho, que o mantinham longe dos filhos e da mulher, que estava grávida de um terceiro filho. O vaivém para o trabalho era um ponto realmente problemático; ele perdia hora e meia para se locomover durante o horário de *rush* e uma hora se saísse mais cedo de casa e ficasse até mais tarde. A outra empresa ficava a cinco minutos da casa dele, o que lhe parecia bem atrativo, apesar de gostar de trabalhar conosco.

"Esvaziei minha agenda e passamos um dia e meio planejando um esquema perfeito para o trabalho dele. No início foi difícil, porque nenhuma das coisas que ele considerava um esquema perfeito era algo que ele visualizasse acontecendo na KLA. Finalmente chegamos a uma solução criativa que conciliou todas as suas necessidades e as da empresa. Alugamos um pequeno conjunto num prédio comercial perto de sua casa e programamos de tal forma que ele só precisava ir ao escritório central duas vezes por semana, para reuniões importantes. Contratamos uma pessoa puramente administrativa para assumir esse aspecto do trabalho de Mark, liberando-o para dar atenção à menina dos seus olhos, o projeto de uma nova tecnologia. Quando deixei a empresa, um ano depois, ele continuava feliz com o arranjo."

COMO USAR A INTUIÇÃO PARA EVITAR UM ERRO DISPENDIOSO

Um Empresário Místico e superintendente de uma empresa do Vale do Silício conta como a intuição agiu a seu favor num negócio de compras: "O presidente da empresa estava ansioso por adquirir uma nova tecnologia que, segundo ele, se adequaria aos objetivos de longo-prazo de nossa companhia. Eu não sabia nada a respeito do fornecedor e não tinha muita familiaridade com a tecnologia, mas, pensando a respeito, tive o impulso de falar com uma de nossas vice-presidentes sobre o assunto. Era uma idéia um tanto insólita, porque habitualmente ela não seria envolvida em nenhum projeto dessa natureza. Todavia, segui minha intuição e marquei um encontro com ela. Decidimos então que ela pegaria um avião para o leste no dia seguinte para se encontrar com os diretores da tal empresa. Ela voltou da reunião com a estranha sensação de que havia alguma coisa errada, mas não cabia a ela intervir. Ela tinha gostado das pessoas, mas havia algo 'estranho' na negociação. Decidimos gastar mais tempo e dinheiro investigando a empresa, e descobrimos que havia graves problemas com o enfoque da tecnologia proposta por eles. Dar atenção a minhas sensações físicas acabou salvando a empresa de perder milhões de dólares, mesmo que tenha significado me opor aos desejos do presidente da empresa. A longo prazo, entretanto, ele passou a apreciar a escolha que fizemos, especialmente quando se deu conta do o desperdício que teria havido".

COMO LIDAR COM QUEIXOSOS E PESSOAS COM BAIXA PRODUTIVIDADE

Quando as pessoas não estão produzindo, em geral é porque não estão agindo com integridade consigo mesmas. Elas não estão fazendo o que realmente desejam fazer. O correio está cheio de pessoas que querem ser escritores, enquanto os escritores muitas vezes sonham com um trabalho simples como o de separar correspondência. Sua tarefa, se você é do tipo solícito, é falar com essas pessoas e perguntar-lhes: "O que você gosta de fazer?" Se puder ajudá-las a descobrir o modo de realizar isso, ótimo. Se não, demita-as o mais rápido possível. O correio pode fazer isso, mas você, provavelmente, não.

Os queixosos reclamam porque também não estão agindo com integridade, e a brecha na integridade deles se aprofunda cada vez mais. Antes de mais nada, eles não são íntegros consigo mesmos, mas normalmente eles também não agem com integridade em relação à organização. Às vezes, as queixas são válidas, mas, as pessoas que se queixam muito estão agindo sem integridade e não querem admitir isso. Seu queixoso mais veemente a respeito da imparcialidade no escritório, seguramente vai se revelar um grande ladrão de clipes. Um diretor místico lembra: "O presidente contratou um *superstar* de outra empresa, o qual começou a se queixar praticamente a partir do momento em que chegou. Depois de ouvir por algum tempo, a maioria de nós concordou e presumiu que se tratava de um problema de caráter. Uma noite eu consegui a prova. Fiquei trabalhando até tarde, pois as férias se aproximavam, e vi nosso homem chegar ao escritório com a esposa. 'Isso não é normal', pensei. Durante as várias horas em que eles estiveram lá, tive de passar várias vezes perto de sua sala. Todas as vezes que eu passava, eles estavam falando ao telefone com os parentes! Eles tinham ido ao escritório para fazer suas ligações telefônicas particulares! Não muito tempo depois disso, nosso *superstar* desapareceu de cena".

COMO LIDAR COM UM CASO DE AMOR NO ESCRITÓRIO

Os casos amorosos podem ser um problema difícil para todos os envolvidos. Um Empresário Místico que conhecemos usou os instrumentos da integridade, delineados anteriormente, para esclarecer uma situação embaraçosa que estava atrapalhando um projeto importante.

"Eu era vice-presidente, na época, e a empresa estava para lançar um novo produto importante. Todos estavam tensos e trabalhando oitenta a noventa horas por semana. Então, quando começou o boato, toda a operação ficou abalada. O boato era de que o diretor-geral, que se reportava a mim, estava tendo um caso com uma mulher que se reportava a ele. Os dois eram casados. A princípio fiquei perplexo; ninguém tinha me dito como lidar com esse tipo de problema em meu curso de administração, e eu nunca tinha enfrentado uma situação dessas antes.

"Quando me sentei para pensar no que fazer, percebi que estava em conflito com meus valores. Eu não me via como o árbitro da ética de outra pessoa mas, por outro lado, conhecia todos os tipos de processo por assédio sexual. Eu estava preocupado principalmente porque a mentira e o aspecto encoberto da situação ameaçava gerar a desordem num momento crítico da evolução da empresa. Decidi agir. Verifiquei a fonte do boato, para saber se havia fatos comprováveis, e havia. Então, fui ao encontro do homem. Em seu escritório falei a ele que estava ouvindo boatos. Disse-lhe que eu não sabia ou não precisava saber se era verdade. Expliquei tudo que tinha passado pela minha cabeça e tudo o que tinha ouvido. Disse-lhe quais as conseqüências que eu via, caso os boatos fossem verdadeiros, tanto para ele quanto para a empresa. Então, expliquei também os riscos legais da melhor forma que pude. Ele não falou muito durante a reunião. Ficou de olhos baixos enquanto eu expunha meu ponto de vista; a linguagem corporal o fez parecer culpado.

"Dois dias depois, soube que a mulher em questão tinha sido transferida para um cargo diferente, para satisfação de todos. Os boatos desapareceram e dentro de um ano os dois tinham sido promovidos. O projeto teve muito sucesso, dando-me todas as provas de que eu precisava: dizer a verdade tinha salvado a situação."

COMO ACABAR COM AS DISPUTAS DE TERRITÓRIO

Um dos principais drenos de energia de uma empresa são as brigas por território. Um dos místicos entrevistados para este livro falou francamente: "Se não houvesse disputas de território na maioria das empresas americanas, não haveria déficit comercial com o Japão. Os japoneses descobriram uma forma de superar isso sem esse tipo de briga de adolescente. Talvez o método deles seja muito hierárquico para o gosto ocidental, mas temos de encontrar uma saída antes que não haja mais saída".

Você já viu isso centenas de vezes. O gerente X discute com o gerente Y, que faria o melhor trabalho num projeto. Ou o gerente Z não vai passar suas informações para o gerente X. A mensagem é: este é o meu território e você não pode entrar aqui. Nossos primos macacos fazem isso de maneira bem declarada. Entre no território deles e eles cospem ou jogam alguma coisa ainda mais desagradável em você. Qualquer pessoa que tenha passado algum tempo numa organização terá um respeito saudável pelo poder desses negócios inescrupulosos de limitar a produtividade. Um executivo, por muito tempo diretor de empresa, nos disse que o ato de instalar o piso significou uma demarcação de território em sua empresa. Na verdade, as pessoas contavam as peças do piso para determinar a área total exata de seus escritórios.

Como consultores, em geral somos chamados quando os problemas de território ficam fora de controle. Contudo, a maioria das disputas por território poderia ser evitada com dez minutos de conversa autêntica, sincera. No final, quando tudo se resolve, é porque as partes principais resolvem se reunir para uns poucos minutos de conversa franca, o que poderia ter acontecido desde o princípio.

As disputas por território acabam ferindo as pessoas que começaram o processo. Vimos isso acontecer com tanta freqüência que nos fez crer que existe um tipo de justiça ou carma em ação no mundo. Aqui está um exemplo típico: um recém-contratado vice-presidente de *marketing* (vamos chamá-lo de Mark) parecia estar fazendo um bom trabalho. Depois de alguns meses ele desenvolveu uma animosidade pessoal contra um dos gerentes administrativos e começou a culpá-lo por todos os problemas da empresa. Depois de muita politicagem da parte de Mark, o gerente administrativo abdicou de seu papel de gerenciamento ativo. À primeira vista, foi como se Mark tivesse ganho a parada, mas logo se revelou um resultado diferente. O superintendente tinha ficado tão desapontado com o comportamento de Mark, de sempre culpar os outros, que ele acabou sendo demitido.

Numa briga por território, torna-se mais importante estar certo do que fazer um bom trabalho com o projeto que se está tocando. No caso de Mark, sua necessidade imperiosa de estar certo lhe custou a capacidade de ver o conjunto, e ele foi chamado à realidade de uma forma bastante brusca, exatamente quando estava comemorando sua vitória sobre o outro gerente.

Fomos chamados para ajudar a resolver uma briga por território que já havia custado uma pequena fortuna em tempo, energia e dinheiro. Aconteceu numa das maiores empresas americanas de produtos de consumo e poderia ter sido evitada com aqueles dez minutos de conversa franca que mencionamos anteriormente: "Durante um seminário sobre visão, todo o corpo administrativo ficou contra a instrução apresentada para um novo produto. Quando os comentários dessa nova instrução circularam pela sala, eles mandaram chamar o vice-presidente de *marketing*, Perry, para deixá-lo tão irritado quanto eles estavam. Perry, vinha de uma reunião muito mais tediosa e entrou sem qualquer preparação sobre o que os administradores tinham em mente. Ele ficou confuso e perdeu o controle. Disse que cabia a ele dar instruções para o novo produto. Jack, líder da equipe administrativa, tentou explicar que eles estavam simplesmente debatendo livremente as idéias e pretendiam lhe passar as informações. Perry se enfureceu.

"Jack e Perry eram tão diferentes quanto podem ser duas pessoas no mundo da alta tecnologia. Jack era um tipo honesto, técnico, sem o menor conhecimento de política. Ele se descrevia como um 'bobo político'. Perry, era um político empresarial muito habilidoso, um vendedor de voz doce e que se vestia com elegância. Depois da reunião eles entraram numa disputa de território que durou dois anos. Na época em que iniciamos a consultoria, o conflito tinha se espalhado por três níveis administrativos. Estabelecemos um prazo: dois dias de trabalho e avançar na segunda noite, se necessário, mas ninguém ia sair sem que o problema tivesse sido resolvido. Como o prazo estava se esgotando, na segunda noite eles finalmente fizeram um avanço. Admitiram que tinha havido uma grande falta de percepção das intenções do outro na situação original, dois anos antes. Voltaram àquele momento no passado e conversaram sobre seus medos e como isso tinha distorcido sua percepção dos fatos. Houve um grande alívio de tensão na sala quando esses dois 'ilustres oponentes' aceitaram um ao outro."

O que fazer com as disputas por território? Primeiro, veja claramente por que razão elas existem: um primata, que vive com medo, tenta manter um outro primata longe, expulsando-o de sua posição de liderança. Se perceber que se trata de uma "guerra de gorilas" você estará numa posição muito mais forte. Você chamou o jogo daquilo que ele realmente é. A próxima coisa a fazer é olhar para dentro de si mesmo. Você está participando de algum conflito de proteção à batalha? Naturalmente, é muito mais difícil do que vê-lo nos outros. Mas primeiro, dê uma boa olhada em si mesmo.

Depois, escolha o caminho para sair do jogo. Isso se faz com a decisão de não participar das disputas de território e não apoiá-las. Veja-se olhando para aquelas peças de piso e, ao invés de contá-las novamente, respire fundo e volte ao problema real: sua ressonância com seu "eu" interior e sua contribuição criativa para o empreendimento em que está envolvido.

COMO FAZER COM QUE AS REUNIÕES NÃO SEJAM CHATAS

Em nosso papel como consultores, freqüentemente nos pedem para intermediar reuniões. Notamos que as reuniões em geral são pouco produtivas porque as pessoas não se responsabilizam totalmente pelo sucesso delas. Não raro, as únicas pessoas engajadas são aquela que convocou a reunião e as outras que se opõem àquela pessoa ou à questão que será tratada. Assim, desenvolvemos uma estratégia para conseguir envolvimento total, e isso realmente funciona.

Se sabemos a resposta certa, não há por que fazer a reunião. Mas se ela deve acontecer, vamos conversar uns com os outros como as pessoas conversam quando têm de lidar com problemas difíceis. Isso significa falar aberta e honestamente, não se refrear e nem gerenciar a situação.

— Bob Shapiro

Colocamos uma escala graduada de dez pontos num quadro, com o dez designando os "totalmente envolvidos" e o um, os "superentediados". A cada quinze minutos pedimos às pessoas que se auto-avaliem e façam o que for necessário para chegar à graduação máxima. A maioria das pessoas se dispõe a admitir sua falta de interesse, mas elas freqüentemente põem a culpa na equipe, no líder ou no conteúdo da reunião. Quando começam a se responsabilizar por isso — quando vêem que é seu próprio tédio que está tornando a reunião entediante — processa-se uma mágica. Os membros da equipe passam a distinguir o que provoca tédio e o que provoca envolvimento. Eles mudam no sentido de se sentirem responsáveis por provocar envolvimento, e essa, muitas vezes, é a única mudança que precisa ser feita.

COMO TRANSFORMAR SITUAÇÕES ADVERSAS EM GRANDES IMPULSOS

O que gera um colapso é muito simples. Você pode constatar isso na sapataria da esquina, na GM ou na IBM. Há sempre um fato inicial. O fato em si pode ser tão insignificante quanto uma entrega não feita ou tão crucial quanto um desastre financeiro no mercado. O fato em si não causa o colapso, mas sim, a reação das pessoas a esse fato.

> *Os vencedores de amanhã vão lidar de forma preventiva com o caos, vão olhar para o caos, em si, como fonte de lucro nos negócios, não como um problema a ser contornado.*
> — TOM PETERS

O colapso é causado pela atenção desviada para uma linha não-produtiva de investigação: De quem é a falha? Às vezes se encontra um bode expiatório: é dele ou dela. Outras vezes, a falha é externa: é falha do mundo. De vez em quando você vai ter a sorte de apontar um bode expiatório e demitir a pessoa. Porém, é mais difícil demitir o mundo. Na noite anterior ao suicídio de Hitler, ele ditou seu testamento e último desejo, negando qualquer responsabilidade pela guerra e culpando os judeus por ela. Algumas pessoas parecem simplesmente nunca compreender as coisas.

Há somente uma linha de investigação em plena crise que seja produtiva: O que podemos aprender? O que precisa ser feito? Mudar o foco para aprender e fazer o que precisa ser feito sempre transforma um colapso num grande avanço.

7

COMO CRIAR RIQUEZA

T odos os Empresários Místicos que entrevistamos para este livro concordaram numa coisa: A riqueza começa na mente humana. Concentramos muitas das nossas entrevistas em homens e mulheres que tinham trabalhado para obter riqueza, e não herdado fortunas. Suas crenças a respeito do assunto eram surpreendentemente semelhantes. Todos eles tinham tomado decisões conscientes para gerar abundância para si mesmos e para outras pessoas. As regras que usaram eram diferentes. Alguns conseguiram fortuna seguindo a forte tendência de sabedoria representada por Napoleon Hill, George Classon e outros que escreveram sobre sucesso e prosperidade. Alguns usaram técnicas de seu próprio planejamento, aprendendo as lições de sua prosperidade na mais rigorosa das faculdades de negócios: Hard-Knox.

Neste capítulo, vamos resumir os princípios mais importantes que descobrimos em nossas conversas com os Empresários Místicos. São todos eles instrumentos que pessoas reais usaram com sucesso; nós os apresentamos para sua experimentação. Nós também os usamos em nossa própria busca bem-sucedida por independência financeira. Tomara que eles funcionem para você tão bem quanto funcionaram para nós.

Talvez você fique desapontado se falhar, mas ficará arrasado se não tentar.

— BEVERLY SILLS

PERSEVERANÇA ILUMINADA

O mundo empresarial está cheio do que na música se convencionou chamar de fenômeno de um único sucesso. São pessoas que obtêm um sucesso estrondoso, e, então, rapidamente se consomem, se confundem ou se enfraquecem. Se você quiser ter abundância de dinheiro, amor ou qualquer outra coisa, tem de manter uma imagem coerente. Quase sempre a persistência ganha da criatividade e do talento. John Belushi era um comediante melhor do que Jay Leno? Isso pouco importa agora.

Gay almoçou com um homem radiante de 70 anos, em seu refúgio, no alto de uma montanha. Esse homem, que ficou milionário várias vezes, caminhou, da Alemanha para o litoral da França, quando adolescente, para fugir do nazismo. Ele pegou um barco e foi para os Estados Unidos, onde não conhecia ninguém e tampouco o idioma. Por volta dos 40 anos ele tinha esposa e família, e havia construído milhares de casas. Apaixonado pelo sucesso, ele construiu uma fortuna de mais de cinco milhões de dólares e relaxou para curtir a vida. Então, houve uma crise econômica, e ele não só foi à falência, como ficou com um grande estoque de madeira cortada. Em quinze anos ele passara de pobre a milionário e a falido. Isso o preocupou? "É claro que me preocupou! Mas você tem de se recuperar e começar novamente. Todo minuto que você gasta pensando na forma como costumava fazer ou como deveria ser é um minuto que você não usou pensando como poderia fazer acontecer. No entanto, eu tinha algumas coisas a meu favor. A principal delas era que depois de ter caminhado mais de oitocentos quilômetros no inverno para fugir do nazismo, lidar com um grupo de banqueiros irritados era como um piquenique. Outra vantagem era a minha persistência. Eu a tivera quando criança e a recuperei naquele exato momento. Sei que se eu simplesmente acordar pela manhã, procurando dar alguma colaboração, vou ter um bom dia."

Oitenta por cento do sucesso é somente mostrar-se.
— WOODY ALLEN

Essa atitude foi sua salvação. A guerra do Vietnã se intensificava quando ele estava tentando se desfazer de toda aquela madeira excedente, e acabou se tornando um dos principais fornecedores de produtos de madeira para a guerra. Logo ele reassumia a posição de milionário e não parou mais de progredir.

Se você aliar criatividade e talento com um pouco de persistência, terá uma combinação poderosa. Os Empresários Místicos sabem que o segredo para se mostrar de maneira coerente é transformar a adversidade em desafio. Se você considera um contratempo o fato de cair do cavalo, não passou tempo suficiente aprendendo a montar. Se vê isso como parte do processo, um aspecto necessário e fundamental da equitação, você possui um contexto de adversidade que lhe permite manter os olhos no objetivo.

Nada no mundo pode tomar o lugar da persistência.
Nem mesmo o talento: não há nada mais comum do que um homem talentoso e mal-sucedido.
Nem mesmo o dom: o dom não recompensado é quase proverbial. Tampouco a educação: o mundo está cheio de párias cultos. Somente a persistência e a determinação são onipotentes.
— CALVIN COOLIDGE

LUTE PELO QUE VOCÊ QUER

O primeiro segredo da riqueza: Riqueza é ter o que você quer. O segundo segredo: Riqueza é desfrutar do que você tem. Você vai ouvir argumentos compulsivos contra essas duas idéias. Quase todo mundo vai ter uma boa razão para dizer por que você não deveria ter o que deseja. O mundo está cheio de pessoas que vão argumentar vigorosamente a favor da mediocridade e da atitude de se conformar com menos. Não dê ouvidos a elas. Outras terão grandes razões para dizer por que você não deveria desfrutar do que tem. Há tanto sofrimento no mundo que muitas pessoas pensam que é assim que deve ser. Não dê ouvidos a elas também. É perfeitamente aceitável ter o que você quer e desfrutar do que você tem. A partir daí é possível dar condições aos outros para que tenham o que querem e desfrutem do que têm. Uma pessoa sábia disse que uma vida de lazer total é a carreira mais difícil de ser seguida. Os seres humanos não são feitos para o lazer irrestrito. A colaboração é a força motriz da pessoa verdadeiramente bem-sucedida. Para os Empresários Místicos que entrevistamos para escrever este livro, o desejo de contribuir para o bem-estar dos outros era uma motivação suprema.

Ao longo do caminho, por que não ter o que você quer e desfrutar daquilo que conseguiu?

Uma das amigas dos autores decidiu que ela queria estudar medicina. "Você não pode", disseram todos, começando por sua mãe até o reitor da faculdade de medicina local, "você está com 44 anos!" Ela se dirigiu a várias faculdades e foi recusada em todas elas. Finalmente ela entrou em contato com uma universidade na Holanda. Eles a aceitaram. "Nós nos vemos em três meses", disseram, "e, a propósito, todas as conferências são em holandês. Esteja fluente na língua quando chegar aqui." Na época ela não falava uma palavra de holandês, mas três meses depois dominava razoavelmente o idioma. Hoje, aos 50 anos, ela exerce a medicina e tem o que deseja.

Gay estava descansando no banco de um parque em Paris, bebericando uma xícara de café e alimentando os pássaros. "Uma mulher, avançando em seus 60 anos, sentou-se ao meu lado e começamos a conversar. Ela disse que estava chegando de Portugal, e eu perguntei se tinha feito uma boa viagem.

"'Eu vim a pé', disse ela, e me contou que, ao se aposentar, aos 62 anos, havia decidido fazer a volta ao mundo caminhando, a partir do Arizona. Os amigos e a família fizeram uma campanha ferrenha para dissuadi-la, mas ela não lhes deu ouvidos. A princípio ela foi caminhando até a Califórnia, depois mudou de idéia e foi em outra direção. Estava em seu décimo primeiro par de tênis quando a encontrei. Vendo sua aliança de casada, perguntei-lhe onde estava seu marido. 'Lá no Arizona', disse. 'Pedi a ele que viesse comigo, mas ele não quis. Disse que preferia ficar em casa assistindo televisão'. Mas ela não deixou que isso a demovesse."

Como consultores, tivemos oportunidade de conversar com muitas pessoas que fizeram dos negócios o equivalente a sair para uma caminhada ao redor do mundo. Um homem deixou um trabalho que ele considerava inútil, para abrir sua própria empresa. Saiu de um escritório de luxo, com vista do Chicago Loop, para uma pequena instalação num parque industrial no subúrbio da cidade. "Pelo menos, eu tinha meu nome na porta. Eu não respondia a ninguém, só a mim mesmo." Depois de dois anos sua empresa faliu. "Mas, sabe de uma coisa? Eu me senti mais feliz, mesmo lidando com a falência, do que eu estava nos cinco anos que passei na outra empresa." Dois anos mais tarde, no entanto, ele tinha se recuperado e se tornara um líder industrial.

Conversamos com cinqüenta pessoas ou mais que tinham se arriscado e começado sua própria empresa. Dessas cinqüenta, somente umas vinte foram bem-sucedidas. Mas não encontramos ninguém que tenha lamentado a mudança. Alguma coisa boa tinha resultado dessa experiência, mesmo que freqüentemente não tenha se ajustado ao quadro que eles haviam pintado no início.

DESFRUTE DO QUE VOCÊ TEM

Depois que você conseguir o que quer, vai deparar com o problema de desfrutar de tudo isso num mundo cheio de pudor e escassez. Não compre essa idéia. Vá em frente: tenha o que você quer. Você vai saber se é isso o que realmente deseja, se estiver disposto a caminhar ao redor do mundo para obtê-lo. E então, depois de conseguir o que quer, você ainda tem o desafio de desfrutar do que conseguiu.

Um Empresário Místico de nossas relações disputou um convite para visitar um homem de cem milhões de dólares. Os músculos de seu maxilar travavam constantemente quando ele descrevia seu desejo desesperado de se tornar bilionário. Ele fumava um cigarro atrás do outro e criticava a esposa durante toda a conversa, que aconteceu em seu refúgio secreto no porão, quatro andares abaixo da casa dos seus sonhos que reluzia ao sol da tarde. Ele raramente deixava o porão e tomava o elevador para a casa de seus sonhos. Alegava que a natureza tendia a interferir na concentração que ele precisava para trabalhar. Embora fosse um empresário bem-sucedido, ele não tinha o que mais queria e não estava desfrutando do que tinha.

Os místicos têm consciência de que a satisfação e o prazer estão completamente sob o controle deles, então esse é seu ponto de partida. Eles se esforçam por desfrutar do que têm, exatamente como é hoje.

Há duas coisas a que aspirar na vida: primeiro, conseguir o que você quer; e depois, desfrutá-lo. Somente o mais sábio dos homens conquista a segunda.

— LOGAN PEARSALL SMITH

A LEI BÁSICA DA CRIAÇÃO DE RIQUEZA

A primeira lei da criação de riqueza é a seguinte: você pode escolher o que pensar. Você pode escolher qualquer objetivo que queira e pode inventar qualquer regra financeira segundo a qual viver, contanto que isso não interfira nas regras básicas de funcionamento do universo. Não há limite para o que se pode imaginar. Para realizá-lo no mundo material, é preciso apoiá-lo na ação, mas o importante é tornar-se responsável por decidir de que maneira o quer. Se você realmente compreende o significado dessa lei, está em condições de fazer verdadeiros milagres para si mesmo e para a sua organização.

Toda a riqueza vem da mente humana. Em Zurique isso pode ser mensurado em ouro ou por sinais na tela do computador. Numa ilha remota do Pacífico Sul, em conchas de cauri. Mas sempre e em qualquer lugar, a riqueza está baseada num acordo simples, construído pelo poder criativo da mente humana.

O bom é saber que todos nós temos esse mesmo poder criativo dentro de nós. Se você compreender a natureza de sua própria consciência, saberá como a riqueza é gerada.

A mente humana evoluiu até o ponto de, hoje, podermos nos perceber como seres ligados ao infinito. Muitos de nós, é claro, escolhem não celebrar essa ligação ou não a usam para serem felizes. Mas temos todos o mesmo potencial de nos abrir para uma relação ilimitada com toda a criação.

Somos o que pensamos. Tudo o que somos se manifesta em nossos pensamentos. Com nossos pensamentos construímos nosso mundo.

— Buda

Ao abarcar nossa ligação com o infinito, percebemos que estamos ligados à fonte da criatividade. A mesma força criativa que gera os carvalhos, os golfinhos e os arcos-íris também gera o homem. Uma glande de carvalho é algo que foi criado do nada, e tem as sementes da criação escondidas potencialmente dentro dela. É ao mesmo tempo criatura e criador.

Somos um microcosmo de todo o universo. Temos dentro de nós o criador e a criatura.

Você tem o poder de criar algo do nada. Você pode imaginar qualquer realidade que quiser. Contanto que essa realidade não entre em conflito com as leis do universo, ela pode se manifestar, fazendo com que você a apóie com todas as ações necessárias. Em outras palavras, você pode inventar suas regras, contanto que elas não entrem em conflito com as já estabelecidas. O pensamento: "Tenho abundância total de amor e dinheiro" não entra em conflito com nenhuma lei do universo. Ponha sua atenção nisso, sustente-o com ação e acabará se tornando verdade. Se você inventa uma regra que diz: "Posso roubar sem ser apanhado", dificilmente será bem-sucedido, porque essa idéia entra em conflito com outras regras no mundo. O pensamento: "Ao agitar meus braços eu posso voar como uma águia", entra em conflito com uma conhecida lei do universo. Você pode fixar essa idéia durante todo o dia e ela não se tornará realidade. Se quiser argumentar sobre esse ponto, mande-nos uma foto primeiro e nós entraremos em contato com você.

Ninguém seria prejudicado por uma nova regra no universo que dissesse: "Tenho abundância em amor e dinheiro". Se você está pronto e disposto a ter abundância em amor e dinheiro, assuma o papel de criador: Vá em frente e faça essa escolha agora.

Diga as palavras e tenha a sensação física: "Estou pronto e disposto a ter abundância em amor e dinheiro".

"Tenho abundância em amor e dinheiro." Sinta isso em seu corpo como uma realidade, agora.

Você pode criar qualquer coisa que queira, contanto que esteja em harmonia com a maneira básica como funciona o universo. Alguns pensamentos que têm grande poder são:

"Minha renda é sempre muito maior do que minhas despesas."
"Tudo o que eu gasto volta para mim multiplicado."
"Sem esforço eu tenho muito dinheiro para fazer tudo o que quero."
"Quanto mais pessoas eu faço prosperar, mais próspero eu me torno."

Não há limite para o que você pode imaginar.

O dinheiro não compra a felicidade, mas não é por isso que muitas pessoas são pobres.
—LAURENCE PETER

A maior descoberta de minha geração é a de que o ser humano pode alterar sua vida, alterando sua maneira de pensar.
— WILLIAM JAMES

COMO CRIAR UM ESPÍRITO DE PROSPERIDADE EM SUA ORGANIZAÇÃO

Você carrega consigo sua abundância ou sua falta de abundância, dia e noite. Ela não fica no seu portfólio ou conta bancária. Há muitas, muitas pessoas imensamente ricas que são avarentas, desagradáveis, invejosas e infelizes. Também há muitas pessoas que estão vivendo num jardim virtual de amor e que não se abrem para ele ou não lhe dão valor. Assim, a abundância de amor e de dinheiro começa em nossa consciência. Somos responsáveis por ela. Podemos dizer: eu conscientemente opto por abundância de amor e de dinheiro em minha vida.

Pode-se fazer essa escolha individualmente com grandes recompensas, mas um conjunto mais potente de possibilidades emerge quando se faz isso em grupo ou como empresa, em sua totalidade. Assistimos a reuniões nas quais toda uma equipe de executivos se abriu para escolher a abundância para si mesmos, como indivíduos e coletivamente. Quando as pessoas se fundiram numa equipe, a mudança de consciência pôde ser sentida em toda a sala. O falecido Andrew Carnegie ensinava que se você conseguir reunir cinco pessoas harmonicamente em torno de um objetivo, poderá fazer milagres. Isso funcionou com ele; em seu trabalho filantrópico, ele destinou fundos que favoreceram 1.400 bibliotecas em todo o mundo, sem contar diversas universidades.

Os benefícios da consciência de abundância é que você pode usá-la em qualquer parte do mundo aonde for. Ao estar consciente de que sua abundância começa em sua mente, você gera amor e dinheiro em qualquer lugar. Caso contrário, você pode se sentar sobre uma pilha de dinheiro, ou em meio a um jardim de amor e não saber como usar nenhum dos dois.

Tudo isso começa em sua consciência. E você o invoca ao escolher.
Faça a escolha, agora mesmo.
Opto por completa abundância em amor e dinheiro.
Ou não, a escolha é sua.
Se você quiser abundância, escolha-a com cuidado e calmamente. Você a cria, ao pensar e sentir esta idéia... *Opto por completa abundância de amor e de dinheiro.*

COMO TRANSFORMAR ATITUDES FINANCEIRAS NEGATIVAS

Depois de invocar a abundância em sua vida, você será capaz de ver mais claramente em que medida está sendo levado por crenças limitadoras com relação a si mesmo e ao mundo. A maior parte de nossas crenças limitadoras só será revelada depois que tivermos firmado um compromisso com a abundância. Exatamente depois de optar pela abundância, você poderá pensar: "Essas idéias nunca vão funcionar para mim". Esse é o pensamento limitador que foi trazido à tona pelo poder de seu compromisso com a abundância. Todos os pensamentos negativos que vêm à baila, enquanto você pensar assim, podem ser vistos como velhos limites postos em sua mente por você mesmo ou por outra pessoa. Não perca tempo em considerar se são certos ou errados; simplesmente elimine-os.

Há uma técnica específica que é útil quando os pensamentos limitadores começam a se avolumar: Use um pensamento positivo para substituir o velho conceito limitador. Digamos que você se pegue pensando: "Eu sempre perco dinheiro na Bolsa de Valores". Você não deveria ter um pensamento limitador como esse, a menos que você ou alguém com quem se identifica, tenha sido ferido ou infectado por escassez. Quando você descobrir uma ferida, use o poder curativo de seus próprios pensamentos para curá-la. Pense: "Todos os meus investimentos são rentáveis". Talvez você faça vir à tona um pensamento limitador como "Eu nunca tive segurança financeira". Use um pensamento mais positivo, pense: "Eu tenho total abundância financeira". Uma boa forma de usar um pensamento positivo é colocá-lo casualmente no seu fluxo mental quando perceber que está passando por ele um pensamento limitador.

O pensamento positivo afasta a negatividade da situação. Pode ser que seus investimentos na Bolsa de Valores melhorem ou pode ser que você tire todo o seu dinheiro do mercado de ações. De qualquer maneira você sairá ganhando. E, além disso, você não vai estar carregando o peso da negatividade.

Depois de identificar sua negatividade com relação ao dinheiro, olhe à sua volta para as pessoas mais importantes de sua vida e avalie se elas têm atitudes negativas. Isso porque o alinhamento com duas ou três pessoas-chave é importante para gerar abundância muito mais rapidamente. Se você está ligado a pessoas que têm uma programação de escassez que não pretendem enfrentar, isso torna sua trajetória em direção à abundância muito mais difícil. Sente-se e converse abertamente sobre o assunto. Descubra se seus amigos e sua família se juntariam a você numa busca conjunta de abundância.

Seja objetivo e descubra qual o ponto de vista de seus principais parceiros de negócios sobre o assunto. Eles compreendem, acreditam e praticam o princípio de que geramos riqueza primeiramente em nossa própria mente? Em caso afirmativo, ótimo! Em caso negativo, você precisa ajudá-los a sintonizar essa idéia ou será tragado por eles.

FINALIZE SEUS NEGÓCIOS FINANCEIROS INACABADOS

Um segredo eficaz para criar abundância é começar a cuidar de todos os negócios inacabados em sua vida financeira. Comece com duas categorias principais: *O dinheiro que eu devo* e *O dinheiro que me devem*. Pegue uma folha de papel agora e anote nessas duas categorias tudo aquilo de que se lembrar, retrocedendo o máximo possível no tempo.

Gay recebeu a seguinte carta de uma mulher que tinha feito com ele um curso de consultoria: "Eu me comprometi a terminar vários negócios inacabados na área financeira em nossa reunião de março. Entre eles havia itens relativamente triviais, como 15 dólares que eu devia a alguém, até itens significativos, como 23 mil dólares que alguém me devia e a questão não-resolvida da propriedade de uma casa. Em dez dias, depois do treinamento, eu restituí tudo o que devia às pessoas, contratei um advogado para ir atrás dos 23 mil dólares e fui para o Havaí para negociar os acordos relacionados à casa. Em abril, ganhei meus primeiros 15 mil dólares como consultora, mais do que o dobro de qualquer mês trabalhado no passado".

É importante saber que você não tem de cuidar de todos os negócios inacabados ao mesmo tempo. Tudo o que você tem a fazer é iniciar o processo. Você pode dever mil dólares e ter somente 10. Não importa. O importante é começar. Mande os 10 dólares para a pessoa ou abra uma conta com a intenção de colocar um dólar por dia para pagar a dívida. Você ficará surpreso de ver como, rapidamente, suas ações serão recompensadas com abundância.

LIDERE COM GRATIDÃO

Um dos instrumentos mais eficazes para criar abundância é liderar com gratidão. Eis como funciona, nas palavras de Gay: "Em meados dos anos 80 eu comecei a deparar com idéias limitadoras quanto ao modo como eu poderia me tornar próspero. Logo comecei a ter pensamentos espontâneos de pessoas com quem eu tinha questões financeiras inacabadas. Duas delas eram John e Bill, que tinham me emprestado dinheiro anos atrás. Eles tinham desaparecido da minha vida e eu tinha convenientemente 'esquecido' esses débitos.

"Uma coisa que aprendi com Buckminster Fuller foi colocar em ação uma idéia até no máximo dez minutos depois de tê-la tido (acho que ele estava falando de idéias de negócios, não daquelas a respeito de *showrooms* de Ferraris ou de pessoas por quem você se sente atraído sexualmente!). Tão logo eu percebi por que John e Bill tinham desaparecido da minha mente, comecei a tentar encontrá-los. Descobri Bill depois de uma pesquisa que durou semanas e escrevi para ele para dizer-lhe que queria acertar minha dívida. As circunstâncias de sua vida tinham mudado radicalmente, de tal forma que ele se tornara, agora, quase miserável. Ele disse que esse dinheiro significaria muito para ele. No caso de John foi mais difícil; até hoje não consegui localizá-lo. Pus seu dinheiro em circulação, distribuindo-o entre vários tipos de caridade que eu acredito ele aprovaria.

"Minha mulher, Kathlyn, e eu começamos a trabalhar sistematicamente para descobrir nossas questões inacabadas e resolvê-las. Quase sempre elas se resumiam a coisas que precisávamos comunicar às pessoas. Por exemplo, Kathlyn e eu percebemos que nunca tínhamos agradecido formal e inteiramente aos vários membros de nossas famílias que nos tinham ajudado financeiramente quando estávamos cursando a pós-graduação. Minha mãe tinha vendido algumas coisas no valor de 10 mil dólares e tinha dividido a renda entre meu irmão e eu. Os pais de Kathlyn tinham feito um empréstimo de 2.500 dólares enquanto ela trabalhava em seu doutorado. Nós escrevemos várias cartas detalhadas de apreço e gratidão e fomos ricamente recompensados por uma onda de sentimentos positivos que passou por nosso caminho.

"Além dos sentimentos positivos, esse processo nos fez começar a pensar sobre o que nós agora chamamos 'liderar com gratidão'. Muitos de nós, talvez, estão esperando que aconteça alguma coisa boa, para aí então expressar alguma gratidão. É como o jardineiro que diz à roseira: 'Dê-me algumas flores e então eu lhe darei água'. Mas descobrimos uma maneira melhor, que era a de expressar a gratidão num processo em andamento. Antes de mais nada concentre-se na gratidão: lidere com apreço. Nossa atitude prática foi procurar maneiras pelas quais pudéssemos expressar gratidão às pessoas em nossa vida. Esse, mais do que qualquer outro princípio, começou a mudar nossa vida em direção à prosperidade."

ENFRENTE SEUS INIMIGOS INTERIORES DE ABUNDÂNCIA

Em nosso trabalho de consultoria, descobrimos várias barreiras importantes que as pessoas enfrentam, mesmo nos níveis mais altos da vida empresarial. Na verdade, é provável que quanto mais bem-sucedido você se torne, mais barreiras tenha de enfrentar. Aqueles que não são conscientes dessas barreiras, freqüentemente tropeçam nelas ou sabotam seu sucesso por causa delas.

A primeira é o medo de se entregar totalmente ao sucesso por causa das lealdades inconscientes com as pessoas de seu passado. Muitos de nós cresceram em famílias ou foram para escolas onde nos sentíamos culpados por sobrepujar os outros. Tínhamos de fingir saber menos do que sabíamos ou nos sentíamos culpados por ninguém poder ganhar o prêmio que ganhávamos. Mais tarde, quando obtemos sucesso, não nos permitimos desfrutá-lo completamente porque ainda carregamos essa culpa de estar sobrepujando alguém.

Há outra versão desse medo: ao sermos totalmente bem-sucedidos vamos deixar alguém para trás. As origens desse medo estão normalmente na vida de nossa família, na nossa culpa de abandonar alguém menos capaz do que nós mesmos. Pode ser um parente mais novo ou um membro menos dotado da família; em geral, há sempre alguém que temos de deixar para trás, e isso nos custa muito. Mais tarde isso nos assombra tanto que não enveredamos por nossa abundância total por medo de abandonar os outros. Por exemplo, tanto Gay quanto seu irmão, Mike, foram os primeiros da família a chegar à universidade. "Nós dois tínhamos sentimentos conflitantes, um misto de orgulho e culpa. Sabíamos que muita gente na família estava orgulhosa de nós, mas nos sentíamos culpados porque estávamos fazendo coisas que eles nunca tinham tido a chance de fazer", lembra Gay. "Toda vez que volto para casa, para visitá-los, sinto uma grande necessidade de reafirmar a eles que eu os amo muito. Às vezes hesitava em lhes contar sobre os estimulantes eventos culturais de que eu tinha tomado parte, com medo de que eles sentissem inferiorizados."

A menos que traga à luz esse medo, você corre um risco à medida que cresce em sua carreira: o padrão típico é cometer um ato de autosabotagem. Você tem uma vitória, por exemplo, então se atrapalha, de alguma maneira, ou fica doente. As histórias familiares são professores eficazes, quer positivos, quer negativos. Muitas pessoas bem-sucedidas são de origem humilde e trabalharam arduamente para vencer. Contudo, ao mesmo tempo elas podem carregar medos inconscientes de que seu sucesso seja, de alguma forma, desleal com relação à família. Trabalhamos com muitos executivos na tentativa de ajudá-los a reconhecer e a liberar suas lealdades inconscientes com pessoas do seu passado. Ao superar o fardo da culpa, as pessoas bem-sucedidas descobrem que elas podem amar e apreciar mais facilmente as pessoas de seu passado.

SEU SUCESSO É UM FARDO?

Uma segunda barreira interior é o medo de nossa abundância ser um fardo. No ambiente ecologicamente sensível de hoje, é comum a preocupação de que as criações da espécie humana acabem por sobrecarregar os recursos naturais da Terra. Essa percepção é bastante válida, e cada pessoa deve encarar sua obrigação com o planeta como parte de cada decisão empresarial. No entanto há um problema pessoal muito maior que as pessoas bem-sucedidas têm de enfrentar.

Como consultores, freqüentemente trabalhamos com pessoas que cresceram sentindo que eram um fardo para sua família. Às vezes essa percepção estava baseada em realidades como pobreza ou doença. Se você, de alguma maneira, realmente foi um fardo para seus pais, você pode ter interiorizado essa sensação e tê-la trazido para a idade adulta. Com maior freqüência, no entanto, o fardo era imaginário. Imaginário ou real, o resultado líquido é o mesmo: o sucesso do adulto é enfraquecido pela preocupação de ser um fardo para o mundo. Um de nossos clientes cresceu numa família quase rica, mas ele era o caçula de cinco filhos, dos quais os dois últimos tinham sido fruto de gravidez acidental. Os dois cresceram com uma forte sensação de que eles não eram bem-vindos, em grande parte baseados nas mensagens não-verbais que recebiam. Nosso cliente não fez essa ligação até seus 30 anos, quando descobriu que não estava progredindo tão rápido quanto queria em sua carreira. Ele foi motivado também pela entrada de seu irmão mais velho em um programa de reabilitação para drogados e alcoólatras. Quando confrontou seus medos inconscientes, descobriu que tinha se considerado como um fardo desde os primeiros momentos de sua consciência na vida. Depois de esclarecer essa questão, ele progrediu rapidamente em sua carreira e mais tarde assumiu os negócios da família, aos quais ele sempre tinha resistido.

Ligado a esse, há o medo de que a nossa abundância tenha sido tomada de outras pessoas. Podemos pensar: Se tenho abundância total, isso poderia fazer com que alguém sofresse a falta daquilo que tenho em abundância. É muito raro que isso aconteça, mas muitas pessoas sofrem desse medo por causa de uma programação anterior. Elas foram levadas a sentir que sua existência roubava amor e atenção a outras pessoas da família.

O simples fato de tomar consciência de todas essas barreiras é capaz de anular seu negativismo. Refletir sobre essas barreiras e analisar qual delas diz respeito a você é o maior passo de libertação que se pode dar.

FAZER O QUE SE GOSTA

Os místicos mais felizes que encontramos são aqueles que fazem o que mais gostam de fazer. Muitos deles se perguntam regularmente: O que eu gosto de fazer que ao mesmo tempo acrescenta algo de bom à vida das pessoas? Gay construiu toda a sua carreira refazendo essa pergunta. "Uma noite, quando tinha uns 20 anos, eu estava sentado em casa, pensando sobre o que eu realmente queria fazer da minha vida. Não fazia muito tempo, eu tinha assistido a uma conferência de J. Krishnamurti, em que ele dizia que o único objetivo da educação era ajudar-nos a descobrir o que nós, de todo o coração, mais gostamos de fazer. Com isso em mente, fiz essa pergunta a mim mesmo. Depois de dez minutos de hesitação, eu tinha chegado a várias idéias. Uma delas era que eu gostava muito de escrever. O ato de colocar palavras no papel me fazia especialmente feliz. A segunda coisa que eu mais gostava de fazer era me sentar com pessoas interessantes e discutir as questões mais fundamentais da vida. Juntando essas duas coisas, idealizei uma carreira em que escreveria sobre as pessoas e daria consultoria a elas, sobre as preocupações psicológicas e espirituais mais importantes que os seres humanos enfrentam. Se eu pudesse realizar isso, pensei, eu faria uso completo dos meus talentos, sem nunca sentir que estava trabalhando para viver.

"Então, eu me descobri enfrentando meu pensamento limitador: Uma voz alta e zombeteira em minha cabeça me disse: 'Você nunca vai conseguir viver disso! Quem iria pagar por isso?' A princípio levei a sério aquela voz e senti uma onda de desespero. Então, eu pensei: 'Esperè um pouco!' E reconheci a voz zombeteira como sendo a de meu irmão mais velho. Eram a voz e a atitude dele! Meu irmão trabalha com instalações de ar-condicionado e de aquecedores, portanto, jamais daria valor a uma carreira em metafísica aplicada. Livrei-me da voz negativa e respirei fundo. Depois, a imagem de um de meus professores de Stanford passou como um lampejo pela minha mente. Era uma lembrança do que lhe dissera, que eu queria colocar os ensinamentos eficazes de psicologia a serviço das pessoas. Ele sorrira com total escárnio: 'Certamente você não está pensando em se tornar um daqueles psicólogos populares!' Seu tom fez parecer que eu acabava de dizer um absurdo.

"Respirei fundo mais algumas vezes e afastei aquela imagem penosa. Percebi que o que eu queria fazer era romper radicalmente com a tradição familiar e com meus conhecimentos clássicos de psicologia. Não estava havendo muita concordância com meus objetivos: eu teria de fazer meu próprio acordo. Sem mais demora, fiz um trato com o universo, de que eu iria buscar o que desejava, que era viver fazendo o que eu mais gostava de fazer. E foi isso que aconteceu."

INTERROMPENDO RELACIONAMENTOS DESGASTANTES

A menos que você seja uma pessoa de sorte, certamente tem alguns relacionamentos que drenam sua energia. E esses relacionamentos diminuem não só sua energia como seu suprimento de dinheiro e seu tempo livre. Geralmente nós os suportamos por uma boa razão, talvez porque envolvam a família ou amigos.

Esses relacionamentos podem ser mudados radicalmente se você tiver coragem suficiente para agir. No tocante àqueles relacionamentos com os quais você não tem obrigações por laços sangüíneos ou por questões contratuais, recomendamos um processo que chamamos de demissão. Na demissão, você corta a ligação extenuante com a pessoa, mas você faz isso com uma intenção de alto nível. A intenção é a de que tanto você quanto a outra pessoa prosperem mediante esse rompimento.

Há uma maneira prática de proceder para determinar quem precisa ser demitido. Demita qualquer pessoa que lhe custe tempo, energia ou dinheiro três ou mais vezes.

Pare e pense: quem em seu mundo se ajusta a essa categoria?

Ouça um Empresário Místico descrever o processo de demissão: "Um dia numa reunião, meu sócio e eu tivemos uma revelação. Percebemos que tínhamos gasto um tempo considerável naquela semana apaziguando um problema de comunicação causado por um de nossos vendedores por mentir e não manter os acordos. Aplicamos a regra básica da demissão àquela situação: Coisas como aquelas tinham acontecido pelo menos duas vezes antes? A resposta foi um 'sim' retumbante. Então, decidimos demiti-lo. Para esclarecer nossas intenções, tivemos de verificar por que o tínhamos mantido por tanto tempo. A resposta foi iluminadora. Meu sócio e eu tínhamos crescido com pais alcoólatras, então estávamos acostumados a encobrir as faltas cometidas pelos outros, por amor a eles. Estávamos tratando nosso vendedor como nossos pais! Perceber isso foi um verdadeiro choque, porque o homem era, na verdade, mais jovem do que nós dois.

"Escrevemos nossa intenção num pedaço de papel. Dizia: 'Cortamos nossa ligação com Bob de modo a permitir que todos nós prosperemos'. Assim, chamamos Bob e dissemos tudo o que tínhamos decidido, inclusive a parte relativa a nossos pais alcoólatras. Para nossa surpresa, Bob desatou a chorar e confessou que ele tinha roubado coisas triviais da empresa, embora jamais tivéssemos suspeitado. Ele também nos contou que detestava usar terno e gravata todos os dias, porque ele gostava de passar o tempo fora do escritório. O desfecho foi que ele acabou nos agradecendo ao sair. Mais tarde ouvimos dizer que ele tinha montado uma pequena empresa de cuidados com gramados. O moral da história é que toda a empresa respirou aliviada."

Tudo no universo está sujeito a mudar e tudo está programado.

— Um Empresário Místico

PARTE TRÊS

O místico disciplinado: quatro práticas de dez minutos para intensificar a integridade, a visão e a intuição

As informações deste livro são muito úteis, mas o seu domínio só se torna possível quando você as põe em prática em situações-chave. É fácil ter integridade, visão e intuição quando as coisas correm bem, mas somente a prática vai mantê-las no lugar quando houver tensão.

As práticas a seguir foram planejadas para serem realizadas em dez minutos ou menos. Se você dispuser de mais tempo, elas podem ser ampliadas com grande benefício.

A Prática do Centramento Básico

Muitos dos Empresários Místicos que entrevistamos são fortes defensores de algum tipo de meditação. Nem todos lhe dão esse nome, mas eles estão falando da mesma coisa: um método para clarear e acalmar a mente de modo que ela se torne revigorada, criativa e produtiva. Ficamos surpresos ao descobrir que muitos altos executivos empresariais foram treinados em uma das abordagens formais de meditação, tais como Meditação Transcendental, Zazen ou Vipassana; outros inventaram para si mesmos uma prática que funciona.

Começamos a introduzir a meditação em nossos seminários e consultorias com empresas há vinte anos, quando esse método era muito menos aceito do que hoje. Fazíamos isso com alguma apreensão, porque temíamos uma certa resistência. Na verdade, houve resistência na ocasião, mas muito menos do que imaginávamos. Quando as pessoas começavam a praticar a meditação, de pronto reconheciam quanto podia ser benéfico para elas. A Prática de Centramento Básico, que ensinamos a seguir, passou pelo teste do tempo, tornando-se nossa técnica de meditação geral favorita, que sempre produz resultados excelentes.

Esta prática vai ensiná-lo a experimentar bem rapidamente um sentimento claro de equilíbrio e desenvoltura em seu corpo. Ao estudar o que faz as pessoas se sentirem descentradas, descobrimos três características comuns em suas experiências. Primeiro, quando as pessoas se sentem descentradas, seus músculos estomacais em geral ficam tensos. Isso não é surpresa. Todos os animais retesam os músculos estomacais quando estão com medo, portanto, esse hábito provavelmente, para muitos de nós, começou na infância como uma reação ao medo. Certamente, a atmosfera tensa dos negócios de hoje não raro desencadeiam o medo, que não é algo de que devemos nos envergonhar pois, na verdade, pode ser um aliado útil. Fritz Perls, o psiquiatra que idealizou a terapia *Gestalt*, afirmou que o medo era meramente "excitação sem fôlego". Respire fundo algumas vezes, aconselhou, e você vai sentir seu medo se transformar em excitação.

Segundo, a respiração tende a se tornar superficial e alta, no peito. Esse padrão de respiração é parte do reflexo de luta ou fuga, preso ao nosso corpo durante milhares de anos de luta contra situações estressantes.

Terceiro, as pessoas que se sentem descentradas, geralmente nos dizem que sua mente é dispersa e excessivamente ocupada.

Desenvolvemos a Prática de Centramento Básico como uma maneira de corrigir cada um desses problemas diretamente. Você vai ver que mesmo uma prática de curta duração vai acalmar sua mente e deixar seu corpo mais relaxado.

Use-a sempre que quiser uma sensação tranqüila de bem-estar. Pode também ser usada como introdução a cada uma das outras três atividades desta seção.

INSTRUÇÕES

Sente-se confortavelmente. Providencie para que você não seja interrompido nos próximos dez minutos. Você pode realizar a prática com os olhos abertos ou fechados; experimente os dois modos para descobrir qual deles produz a sensação mais profunda de bem-estar.

1º PASSO

Enquanto expira lentamente, retese os músculos do estômago, especialmente aqueles ao redor do umbigo. Mantenha-os retesados até soltar todo o ar de seu corpo, então relaxe-os completamente à medida que inspira. Inspire lenta e profundamente, leve o ar ao abdômen o mais profundamente que conseguir. Enquanto expira lentamente, retese os músculos do estômago ao redor do umbigo. Depois de soltar todo o ar, relaxe completamente, à medida que inspira. Repita esse procedimento várias vezes, retesando os músculos do estômago na expiração e relaxando-os na inspiração. Depois de vários ciclos, relaxe e esqueça a respiração por alguns minutos.

2º PASSO

Volte a se concentrar na respiração. Respire lenta e profundamente, mantendo os músculos do estômago bem relaxados. Conte mentalmente, à medida que inspirar e expirar: inspirar-dois-três-quatro, expirar-dois-três-quatro, dizendo um número a cada segundo. Cada inspiração vai levar cerca de quatro segundos, o mesmo acontecendo para cada expiração. Faça vários ciclos contando até quatro. Quando sentir que pode tomar um fôlego maior, faça a contagem de cinco: inspiração-dois-três-quatro-cinco, expiração-dois-três-quatro-cinco. Faça vários ciclos contando até cinco. Fique sempre na zona de bem-estar. Mantenha a respiração calma e tranqüila.

Finalmente, quando você for capaz de fazer isso com facilidade, estenda a contagem para seis, sete ou oito. Fique sempre na zona de bem-estar. Quanto mais leve e tranqüilamente puder respirar, mais centrado vai se sentir.

3º PASSO

Quando se sentir equilibrado, esqueça a contagem e concentre-se em sua respiração. Relaxe por um ou dois minutos, deixando que sua mente e seu corpo desfrutem a calma sensação de equilíbrio e bem-estar.

A meditação é uma questão de ajuste de foco. Todos nós sabemos focalizar as coisas de nossa vida exterior. A meditação é um foco dentro de nós. Treinou minha mente a não fugir de mim. Acredito que 90% do que a maioria das pessoas pensa é fantasia criada por nossa mente fugitiva, e não é real. Quando a mente está centrada, você pode se concentrar no que é realmente significativo.

— Ed McCracken

Seu Cartão de Ponto da Integridade:
O Processo E. A. E. A.

O objetivo do Cartão de Ponto da Integridade é cristalizar todos os ensinamentos essenciais sobre a integridade numa forma concentrada e facilmente utilizável. Você pode aplicar o Cartão de Ponto da Integridade a qualquer problema, grande ou pequeno. Ele foi originariamente projetado para fragmentar os problemas de comunicação nas empresas e fez isso com muito sucesso centenas de vezes. Esperamos, no entanto, que você o aplique antes de atingir o estágio de "problema de comunicação". Se você o usar preventivamente, ao invés de esperar que se desenvolva uma crise, você poderá, em dez minutos, amenizar situações que levariam meses para ser administradas de outra forma. Os passos do processo são:
- Encarar
- Aceitar
- Escolher
- Agir

A maioria das pessoas vê utilidade em anotar suas respostas, mas pode ser feito apenas mentalmente.

INSTRUÇÕES

1º PASSO: ENCARAR

O primeiro passo é encarar a situação como ela é agora. Há 2.500 anos Buda disse: "Toda infelicidade humana vem do fato de não se encarar honestamente a realidade, exatamente como ela é". É uma sábia e crucial observação para nós, hoje.

As perguntas: Qual é a realidade da situação? Como eu gostaria que fosse? Será que estamos agindo sem integridade?

- A realidade da situação — como é agora — é
  _____

- Meu objetivo — como eu gostaria que as coisas fossem — é
  _____
  _____

- Eu disse alguma inverdade em todo o desenrolar desta situação?
  A mim mesmo: _____
  A alguém: _____

- Quebrei quaisquer acordos no desenrolar desta situação?
  Comigo mesmo: _____
  Com os outros: _____

- Se vieram à luz inverdades ou acordos quebrados, os passos que darei para retificá-los são
  _____

Quando? _____

2º PASSO: ACEITAR

Depois de ter encarado honestamente a questão, você está pronto para o próximo passo: aceitá-la. A aceitação completa de uma situação exatamente como ela é cria uma abertura para a mudança.

As perguntas: Que situação é essa, que eu não aceitei exatamente como é?

_____

_____

- É algo que diz respeito a mim mesmo?
- É algo que diz respeito a outra pessoa?
- É alguma coisa que aconteceu no passado?
- É algo que está acontecendo agora?

Pare um pouco agora e aceite isso, exatamente como é.

3º PASSO: ESCOLHER

Depois de ter encarado e aceito uma situação por completo, você está em posição de escolher como gostaria que as coisas fossem.

A pergunta: O que você mais quer nesta situação?

_____

4º PASSO: AGIR

Depois de ter encarado, aceitado e escolhido, o próximo passo é planejar as ações necessárias.

A pergunta: Que ações podem apoiá-lo para conseguir o que você mais quer nesta situação?

_____

_____

Eu me comprometo a: _____

Visão do Futuro

A visão do futuro emergiu de nossos cursos intensivos como uma das formas mais eficazes de se conseguir que todos se tornem visionários. O objetivo dessa atividade é colocar-se à vontade num futuro imaginário. Não é importante que as suas visões do futuro sejam precisas ou viáveis. O propósito é simplesmente familiarizar-se com o futuro, ter a necessária flexibilidade de espírito para se "desligar" das amarras do tempo. A visão do futuro ensina essa habilidade ao encorajá-lo a se projetar num futuro imaginário e a agir como se aquele futuro já tivesse acontecido.

Essa atividade tem maior sucesso se feita em equipe. Três pessoas é um número ideal, de modo que se tenha um visionário do futuro, um negociador e um escriba. Em nossos cursos trocamos os papéis, de modo que todos tenham a chance de ser o visionário do futuro. O trabalho do negociador é ler as instruções para o visionário do futuro e fazer-lhe as perguntas. O trabalho do escriba é tomar notas que podem ser utilizadas para uma discussão posterior. A tarefa do escriba é muito importante, porque a maioria das pessoas se esquece da metade do que diz quando participa integralmente da atividade.

A atividade pode ser realizada individualmente, embora se torne mais difícil submeter-se a ela. As instruções a seguir são baseadas na atividade desenvolvida para uma equipe de três pessoas.

INSTRUÇÕES

Escolha quem vai ser o visionário do futuro, o negociador e o escriba. O negociador dá as instruções.

1º PASSO

O negociador diz: Escolha um objetivo, uma questão ou um problema que seja significativo para você. Um objetivo poderia ser algo como o lançamento bem-sucedido de um novo produto, enquanto um problema poderia ser o que fazer com um empregado que não está tendo um bom desempenho. Escolha um e anote num pedaço de papel.

2º PASSO

O negociador diz: Escolha um lugar da sala que você possa representar como o futuro. Instale-se lá, confortavelmente, sentado ou de pé. Durante toda a atividade, faça o possível para se imaginar no futuro. Feche os olhos e imagine realmente que você está no futuro, onde o objetivo foi alcançado ou o problema foi resolvido com sucesso. Procure sentir fisicamente que houve um sucesso total, incondicional.

Vou lhe fazer algumas perguntas. Esforce-se ao máximo por responder a partir do futuro, como se o objetivo tivesse sido atingido ou o problema tivesse sido resolvido. O escriba vai anotar as suas respostas.

- Qual o segredo desse sucesso total?
- Qual é o efeito positivo desse sucesso sobre as pessoas?
- O que você aprendeu de mais valioso sobre si mesmo que lhe permitiu contribuir para o sucesso?

- O que as outras pessoas aprenderam de mais valioso que lhes permitiu contribuir para o sucesso?
- Se teve de fazer uma escolha, o que você e/ou sua equipe fez/fizeram para criar esse resultado positivo?
- Se fosse nos dar algum conselho, a nós que estamos aqui, hoje (mencione a data), o que diria?

3º PASSO

Relaxe por um momento e volte para o presente; vamos conversar sobre o que aconteceu.

(O escriba lê as anotações das respostas do visionário do futuro. Depois de discuti-las, troquem os papéis e iniciem uma nova rodada.)

A Prática da Intuição

Essa foi a maneira mais segura que os autores encontraram para despertar o poder da intuição. É uma técnica de semeadura na qual você formula uma pergunta em sua mente, depois pára de pensar nela e se abre para receber o que vier. Algumas vezes surgem imagens mentais, outras, palavras ou conceitos. Talvez você não tenha nenhuma resposta imediata. Seja paciente, no entanto, porque pode aparecer alguma coisa útil à noite, num sonho, ou na manhã seguinte, enquanto você estiver tomando banho.

INSTRUÇÕES

1º PASSO

Escolha um objetivo, um problema ou uma questão em que se concentrar. Verbalize-o(a) em forma de pergunta, como, por exemplo: "Qual seria a melhor forma de lidar com a conta da GE?" Anote sua pergunta num pedaço de papel. Fique à vontade (use a Prática de Centramento Básico) e providencie para que ninguém o interrompa nos próximos dez minutos ou mais. Esse processo tende a funcionar melhor quando você está com os olhos fechados, mas sinta-se livre para experimentar o que funciona melhor para você.

2º PASSO

Quando sua mente estiver tranqüila, faça a pergunta pairar em sua mente e depois afaste-a do pensamento. Liberte-se de qualquer expectativa e fique receptivo. Capte todas as imagens e idéias que emergirem. Receba-as sem julgamento; você pode selecioná-las mais tarde.

Desfrute de sua mente e da maneira como ela funciona. Você pode se deleitar procurando pelo espaço aberto entre os pensamentos e além deles. Se fizer isso por alguns instantes, o espaço aberto parecerá crescer mais. Relaxe nesse espaço. Aceite-o.

3º PASSO

Quando chegar a um bom lugar de parada, abra os olhos e anote o que recebeu. Libere a parte interpretativa de sua mente e aplique-a nas imagens e idéias que emergiram. Procure por padrões, metáforas. Se, a seu ver, nada de útil emergiu, liberte-se disso agora e abra-se para o que puder surgir mais tarde.

Recado Final

"Poderia nos dar um recado final de sabedoria?", perguntou o aluno.
O místico pensou por um momento. "Você pode transpor praticamente qualquer dificuldade que tiver ao lembrar-se de duas sentenças."
"Quais são elas?"
"Primeira: O que é, é. Segunda: O que não é, não é."
O místico continuou: "Muitas pessoas perdem tempo se concentrando naquilo que não é, insistindo em coisas que não são reais. Se alguma coisa é verdadeiramente real — seja um sentimento como a raiva ou um fato como a queda nas vendas — é uma perda de tempo desejar que não seja verdade. A única coisa a fazer é aceitá-la como é e então decidir se quer empregar sua energia para tentar modificá-la. Se essa for a sua decisão, concentre sua energia no que precisa ser feito. Esse é o segredo de tornar-se bem-sucedido nos negócios e na vida".

Sou seu companheiro. Nós dois vamos morrer. Temos um destino comum. Estamos juntos nisso.
— BOB SHAPIRO,
PRESIDENTE E SUPERINTENDENTE DA MONSANTO

Todos estão no melhor lugar.
JOHN CAGE

As Sete Regras Radicais Para o Sucesso Nos Negócios

Aqui estão as regras essenciais para o sucesso nos negócios, derivadas de milhares de horas de entrevistas e conversas iluminadas com líderes empresariais altamente bem-sucedidos. Elas são radicais por duas razões: porque vão produzir uma mudança revolucionária em sua vida e nos seus relacionamentos profissionais, e porque elas vão à raiz (por isso o nome *radical*) do que está errado na maioria dos negócios.

REGRA UM

Diga sempre a verdade. Diga a verdade especialmente sobre os fatos e sentimentos. Faça todo o possível para manter aberto o livro dos seus negócios. Ensine a todos como ler as planilhas, torne público todos os salários, nunca esconda nada que não seja absolutamente necessário esconder.

REGRA DOIS

Sempre assuma 100% de responsabilidade por qualquer atividade em que esteja envolvido. Se você estiver em posição de liderança, responsabilize-se por 100% e não por 200% de todas as atividades. Exija que cada participante se responsabilize por 100%. A igualdade só é possível mediante união em 100%.

REGRA TRÊS

Cuide escrupulosamente de todos os acordos que fizer e daqueles que os outros fizeram com você. Faça tudo que disser que vai fazer e não faça nada que disse que não faria. Exija a impecabilidade dos outros. Se você ou alguém mais quebrar um acordo, concentre-se nisso imediatamente e solucione-o.

REGRA QUATRO

Nunca fale da vida alheia e nunca se envolva em conversas alheias. Torne público seu compromisso de não falar da vida alheia e expresse sua intenção de ficar fora dos conflitos e dos problemas de comunicação.

REGRA CINCO

Separe diariamente um tempo para reflexão criativa e torne-o sagrado. Não importa se são cinco minutos ou uma hora. O que importa é que sua intenção seja a de renovar a ligação com sua mente interior e se abrir para uma criatividade plena. Descubra seu método preferido: meditação, respiração profunda, ficar sentado tranqüilamente, rabiscos. Se deixar de fazê-lo um dia, faça-o em dobro no dia seguinte.

REGRA SEIS

Faça uma lista de "coisas para fazer" e atualize-a constantemente durante todo o dia. Ponha suas atividades mais problemáticas no começo da lista e faça-as em primeiro lugar.

REGRA SETE

Vá à fonte. Qualquer coisa que ouvir que o faça se sentir desconfortável, converse com todas as partes envolvidas e ouça-as com atenção. Deixe que as pessoas tenham dez minutos de comunicação direta, que a maioria dos problemas se resolve. Ouça, pondo o menor número de restrições que puder.

Para Maiores Informações

Gay Hendricks é o fundador de duas organizações. A The Hendricks Institute oferece cursos para o desenvolvimento de executivos e para as profissões saudáveis. A Fundação para as Lideranças do Século XXI (Foundation for Twenty-First-Century Leadership) patrocina conferências sobre práticas profissionais inovadoras. Informações sobre essas organizações e seus serviços podem ser obtidas pelo telefone 800-688-0772.

Kate Ludeman oferece treinamento para executivos, formação de equipes e diretrizes para conferências através de sua empresa, Worth Ethic Corporation, em Austin, Texas. Ela desenvolveu um *software* que realiza estudos completos de tributação e auditorias de culturas empresariais que estimulam uma inovação maior para transformação a longo prazo. Informações sobre esses e outros serviços personalizados estão disponíveis pelo telefone 512-794-9270.

ZEN NO TRABALHO

Les Kaye

Um mestre zen que soube conciliar sua dedicação ao zen com a carreira de sucesso numa grande empresa americana divide com o leitor a sabedoria e a experiência que ele adquiriu ao integrar a prática espiritual ao trabalho.

Les Kaye é abade do Kannon Do, centro de meditação zen em Mountain View, Califórnia. Durante mais de trinta anos ele combinou a carreira na IBM, ocupando vários cargos técnicos e administrativos, com uma prática ativa e cada vez mais aprofundada do zen. De fato, enquanto estava na IBM, evoluiu de noviço a mestre zen.

Esses mundos aparentemente díspares podem se combinar, e a meta deste livro é justamente explicar como isso pode acontecer. Com a clareza e a ternura de um mestre talentoso, Kaye entremeia a exposição dos conceitos zen de impermanência, unidade, atenção e iluminação, entre outras idéias básicas do zen, com relatos que explicam como ele aplicou esses ensinamentos no seu emprego convencional na IBM, e como encontrou nas atividades profissionais, da mais gratificante à mais profana, um caminho para uma maior compreensão espiritual.

EDITORA CULTRIX

EXCELÊNCIA INTERIOR
– Um Livro Pioneiro que Estabelece a Ligação entre a Ética nos Negócios e a Espiritualidade

Carol Orsborn

Excelência Interior mostra a você como os princípios de uma nova conexão entre a espiritualidade e os negócios irão revitalizar carreiras e empresas. Neste livro, Carol Orsborn demonstra como é possível transcender estratégias de gerenciamento e negócios motivadas pelo medo e aponta na direção de novos métodos e fontes de inspiração e criatividade a serem aplicados diretamente no ambiente de trabalho.

A autora formula seu trabalho em torno de sete princípios básicos que se constituem numa porta de acesso a perspectivas filosóficas profundas. Consciente ou inconscientemente, esses princípios modelam o relacionamento humano com a ambição e o sucesso.

Baseando-se em experiências diretas com mais de seiscentas empresas num espectro bastante amplo de indústrias, Carol Orsborn combina sabedoria e vivência prática para criar uma nova geração de valores organizacionais. Este é um livro que poderá trazer-lhe grandes surpresas.

"Carol Orsborn descreve com destreza 'o caminho' para homens e mulheres de negócios. Estou ansioso para dar este livro a todas as pessoas com quem trabalho."

Ronald H. Colnett
Presidente da Saatchi & Saatchi DFS/Pacific Advertising, Inc.

"*Excelência Interior* é um livro gostoso e fácil de ler, repleto de sugestões práticas para integrar o espírito humano e o sucesso, o que leva a uma vida realizada. Viva! Este é o livro do momento."

Ruth Ross
Autora de *Prospering Woman*

"Os Orsborns — proprietários de uma empresa de comunicações com base em San Francisco — reduziram a semana de trabalho e a produtividade aumentou."

Fortune Magazine

EDITORA PENSAMENTO

O PARADOXO DO SUCESSO

John R. O'Neil

Líderes de todos os campos de atividade sofrem do paradoxo do sucesso: com constrangedora freqüência, eles sentem que o sofrimento para conquistar suas vitórias profissionais supera as recompensas. Muitas vezes, suas realizações despertam inveja e ressentimento. Muitas vezes, seu poder e autoridade levam à estagnação e ao isolamento; suas vidas familiar e espiritual são mantidas como reféns de programas de sacrifícios auto-infligidos. Suas personalidades competitivas e unilaterais — que levam até mesmo para as atividades recreativas — azedam os seus dias, que deveriam ser ricos das alegrias da realização e do crescimento. E os líderes não conseguem relaxar ou voltar atrás porque seu valor pessoal depende de eles manterem suas posições e a imagem pública duramente conquistadas.

Mas isso não tem de acontecer. Os gerentes, os líderes e os executivos de grandes e pequenas empresas têm aprendido com John O'Neil como voltar ao rumo do sucesso duradouro e da satisfação pessoal. O'Neil tem uma longa carreira de conselheiro profissional e educacional e ensinou a milhares de líderes como manter o desenvolvimento pessoal por intermédio da auto-observação, da dedicação ao aprendizado profundo e do tempo destinado a retiros regeneradores.

Escrito em estilo vivo e envolvente, ilustrado com muitos casos e histórias pessoais, o livro de O'Neil inspirará e encherá de energia os líderes da comunidade empresarial e profissional.

* * *

John R. O'Neil é presidente da California School of Professional Psychology. Fez carreira nos negócios e na educação, no aconselhamento e especulação financeira desde que saiu da AT&T em 1970. Membro do comitê executivo do Western College Association e co-fundador da California Leadership, ele dá consulta sobre planejamento, liderança e saúde organizacional.

CULTRIX/AMANA

NOVAS TRADIÇÕES NOS NEGÓCIOS
Valores Nobres e Liderança no Século XXI

John Renesch (org.)

Uma transformação fundamental — que muitos estão chamando de "mudança de paradigma"— está se processando no mundo empresarial, revolucionando o sentido de "trabalho". Essa transformação vai além da tradicional demanda de lucros e de produtividade, incluindo questões como a obtenção de maior coerência entre nossos valores mais profundos e a atividade profissional, a promoção da afetividade no ambiente de trabalho, a capacitação das pessoas para que libertem totalmente sua visão e criatividade e o reconhecimento da responsabilidade do mundo empresarial em tornar-se uma força positiva para a mudança mundial.

* * *

Este livro reúne os ensaios mais importantes de quinze dentre os pioneiros do novo paradigma nos negócios. Trata-se do primeiro trabalho a reunir num só volume suas idéias visionárias, tais como:

- As origens e os indícios da transformação no mundo dos negócios.
- A importância da visão e dos valores espirituais para os negócios.
- As novas habilidades de liderança exigidas para construir organizações de aprendizagem (*learning organizations*).
- As características de uma empresa saudável.
- Os métodos para desenvolver ambientes que facilitem a capacitação das pessoas.
- Tudo o que é necessário para dar início ao processo de transformação em você, na sua empresa e na sua comunidade.

Este livro é dedicado aos homens e às mulheres de negócios que têm a visão de um mundo melhor e a coragem de provocar mudanças positivas, ajudando a estabelecer novos parâmetros que capacitem as empresas a prosperar, sem esquecer sua responsabilidade perante toda a humanidade.

CULTRIX / AMANA